中国基本医疗保险制度的
受益公平与收入再分配效应研究

于 洁◎著

中国财经出版传媒集团

经济科学出版社
Economic Science Press

图书在版编目（CIP）数据

中国基本医疗保险制度的受益公平与收入再分配效应
研究/于洁著 . -- 北京：经济科学出版社，2022.4
ISBN 978 - 7 - 5218 - 3465 - 9

Ⅰ . ①中… Ⅱ . ①于… Ⅲ . ①医疗保险 - 保险制度 -
研究 - 中国 Ⅳ . ①F842.684

中国版本图书馆 CIP 数据核字（2022）第 037340 号

责任编辑：程辛宁
责任校对：靳玉环
责任印制：张佳裕

中国基本医疗保险制度的受益公平与收入再分配效应研究
于 洁 著
经济科学出版社出版、发行　新华书店经销
社址：北京市海淀区阜成路甲 28 号　邮编：100142
总编部电话：010 - 88191217　发行部电话：010 - 88191522
网址：www. esp. com. cn
电子邮箱：esp@ esp. com. cn
天猫网店：经济科学出版社旗舰店
网址：http：//jjkxcbs. tmall. com
固安华明印业有限公司印装
710 × 1000　16 开　13.25 印张　220000 字
2022 年 4 月第 1 版　2022 年 4 月第 1 次印刷
ISBN 978 - 7 - 5218 - 3465 - 9　定价：78.00 元
（图书出现印装问题，本社负责调换。电话：010 - 88191510）
（版权所有　侵权必究　打击盗版　举报热线：010 - 88191661
QQ：2242791300　营销中心电话：010 - 88191537
电子邮箱：dbts@ esp. com. cn）

前　言

中国在 2012 年宣布进入全民医保时代，此后参保人数都稳定在 13 亿以上，参保率都维持在 95% 以上，基本实现了基本医疗保险制度的"全民覆盖"，但是该制度发展不平衡不充分的问题仍然比较突出，主要表现是公平性不足：一是三项基本医疗保险制度之间筹资和保障的差距较大；二是即使在同一医疗保险制度内部也存在受益不公平的现象，高收入群体获得的住院报销金额显著高于低收入群体；三是医疗保险资源存在显著的城乡和地区差异。另外，中国居民"看病贵"和"因病致贫、因病返贫"的问题仍然存在。虽然中国的收入差距自 2008 年以来呈现出下降的趋势，但是基尼系数仍然高于 0.4 的"警戒线"标准，国内外的实践和研究均表明，包括医疗保险在内的社会保障制度是收入再分配的重要工具，中共十九大报告指出，要"履行好政府再分配调节职能，加快推进基本公共服务均等化，缩小收入分配差距"。2021 年 9 月国务院办公厅印发的《"十四五"全民医疗保障规划》指出，要"建设公平医保"，使"基本医疗保障更加公平普惠，制度间、人群间、区域间差距逐步缩小，医疗保障再分配功能持续强化"。

基本医疗保险制度的功能是确保城乡全体居民获得基本医疗服务，通过分散疾病风险降低居民的医疗经济负担，提高社会整体的健康水平。公平可及和群众受益是中国深化医改、完善基本医疗保险制度的目标，并且公平的医疗保险制度具有收入再分配的功能。随着中国经济进入新常态，居民的医疗保障需求不断增加，社会对公平正义的诉求不断提高，因此，从学术角度系统研究基本医疗保险制度的受益公平和收入再分配效应具有重要的现实意义。

本书将健康状况、医疗支出和医保报销同时纳入受益公平的研究框架，全面分析制度间不同的基本医疗保险类型和制度内不同的收入群体之间实际医保受益的情况。同时从国家和省级两个层面构建测算医疗保险收入再分配效应的研究体系，在国家层面，基于医疗保险受益的视角，以参保个体为研究对象，直接考察不同基本医疗保险制度医疗支出和医保报销环节收入再分配的最终效应及其影响因素；在省级层面，基于医疗保险制度运行过程的视角，以家庭为研究对象，将医保缴费、医疗支出和医保报销这三个环节同时纳入收入再分配的研究框架，分城镇和农村两个样本实证分析基本医疗保险制度收入再分配的中间效应、最终效应及其影响因素。这丰富了包括受益公平和收入再分配效应在内的中国基本医疗保险制度实施效果评估的研究，具有重要的理论意义。

本书通过文献分析法、定性和定量相结合的方法以及比较分析法全面分析了中国基本医疗保险制度的受益公平和收入再分配效应，各章节的研究内容和研究结论如下：

第 1 章是引言，介绍了本书的研究背景和意义，阐述了本书的研究内容、框架和方法，并总结了本书可能存在的创新点和不足之处。

第 2 章是概念界定、理论基础和文献综述，定性分析了基本医疗保险制度的属性和类型、受益公平的界定和评价维度、收入再分配的内涵和度量、受益公平和收入再分配效应的关系，以及政府干预基本医疗保险制度的理论基础；详细梳理了与基本医疗保险制度的受益公平和收入再分配效应相关的两类文献，在评述现有研究成果的基础上，确定了本书的研究框架和研究思路，说明了本书研究的不同之处，为后文的定量分析奠定了理论基础。

第 3 章使用中国家庭金融调查 2013 年数据，以基本医疗保险制度参保者为研究对象，首先使用集中指数、Kakwani 指数和占优检验初步分析了基本医疗保险制度受益归宿情况，然后使用 Probit 模型、Heckman 选择模型和两部模型在控制其他因素的条件下，实证分析了中国基本医疗保险制度全样本、城职保、城居保和新农合内不同收入群体的健康状况、医疗支出情况和医保报销情况。研究发现，中国基本医疗保险制度存在着受益不公平问题，健康状况更差的低收入群体不仅医疗服务利用的概率和程度更低，而且获得医保报销的概率和金额也更低，这种受益不公平现象在新农合中最为明显，城居保次之，城职保的公平性最好。

第 4 章基于医保受益的视角，在国家层面仍以参保个体为研究对象，使用中国家庭金融调查 2013 年数据，实证分析了中国基本医疗保险制度全样本、城职保、城居保和新农合医疗支出和医保报销环节收入再分配的最终效应及其影响因素。研究发现，中国基本医疗保险制度收入再分配的最终效应为负，原因在于同时存在垂直不公平和水平不公平，并且垂直不公平占据主导地位，其中垂直不公平从城职保、城居保到新农合依次增加，"同等收入个体得到不同等对待"的现象在新农合中更为明显。但是医保报销能部分缩小由于医疗支出扩大的收入差距，并且这种调节效果在城职保中最大，其次是城居保，在新农合中最小。

第 5 章基于医疗保险制度运行过程的视角，在省级层面以家庭为研究对象，使用辽宁省和陕西省两个省份的收入分组数据，分城镇和农村两个样本，实证分析了医保缴费、医疗支出和医保报销这三个环节收入再分配的中间效应和最终效应及其影响因素。研究发现，基本医疗保险制度收入再分配的最终效应在辽宁省城镇居民和陕西省城镇居民中较弱，几乎与零无差异，原因在于医疗支出环节收入再分配的正向调节作用与医保缴费和医保报销环节收入再分配的负向调节作用基本上相互抵消，但收入再分配的最终效应在陕西省农村居民中显著为负，并且初始收入差距扩大的绝对程度呈现波动性增加的趋势，原因在于医保缴费和医疗支出环节收入再分配的逆向调节作用之和显著高于医保报销环节收入再分配的正向调节作用。

第 6 章是研究结论和政策建议，总结全书的研究结论，并从健康状况、医保缴费、医疗服务利用和医保报销四个方面提出有针对性的政策建议。

本书可能的创新点主要体现在以下三个方面：

第一，基于公平正义这一基本医疗保险制度的核心价值理念，本书说明了受益公平和收入再分配效应的辩证统一关系，并从理论基础和公共政策两个角度论证了将受益公平和收入再分配效应结合起来纳入同一分析框架的合理性和必要性，弥补了当前基本医疗保险制度实施效果研究的不足，也为其他社会保障项目的效果评价提供了分析思路上的借鉴。

第二，与以往研究有无基本医疗保险覆盖对医疗服务需求和医疗支出情况的影响相比，本书研究的关注点是评价参加基本医疗保险制度之后的过程公平和结果公平，将健康状况、医疗支出和医保报销同时纳入受益公平的分析框架，在现有研究主要使用集中指数度量绝对公平的基础上，本书增加了相对公平的评价维度，为理解中国基本医疗保险制度的受益公平性提供了更为全面的视角，同时本书使用 Heckman 选择模型或两部模型解决医疗支出和医保报销数据中的"零值"带来的样本选择偏误问题，提高了研究结论的准确性。

第三，区别于现有研究只关注基本医疗保险制度运行过程的某个或某些环节的收入再分配效应，本书同时将医保缴费、医疗支出和医保报销这三个环节纳入收入再分配的分析框架，从国家和省级两个层面系统研究了中国基本医疗保险制度的收入再分配效应，并采用相应的分解方法，全面考察了影响收入再分配效应的因素及其影响程度。其中，国家层面以个体为单位，比较分析了不同基本医保制度在医疗支出和医保报销环节收入再分配的最终效应及其影响因素，省级层面以家庭为单位，比较分析了城镇和农村在医保缴费、医疗支出和医保报销这三个环节收入再分配的中间效应、最终效应及其影响因素。

目　录

第1章
引 言

1.1 研究背景和意义

1.1.1 研究背景

基本医疗保险制度的功能是确保城乡全体居民获得基本医疗服务，通过分散疾病风险降低居民的医疗经济负担，提高社会整体的健康水平。公平可及和群众受益是中国深化医改、完善基本医疗保险制度的目标，这要求医疗服务实现按支付能力进行筹资，并且相同需要得到同等治疗，而不受收入水平的影响（Wagstaff et al.，1989）。公平的医疗保险制度具有收入再分配的功能，既包括从健康群体到患病群体的再分配，也包括从高收入群体到低收入群体的再分配（Breyer and Haufler，2000）。

中国自 1998 年建立城镇职工基本医疗保险制度（以下简称"城职保"）以来，于 2003 年建立新型农村合作医疗制度（以下简称"新农合"），在 2007 年建立城镇居民基本医疗保险制度（以下简称"城居保"），初步实现了基本医疗保险的"制度全覆盖"，图 1-1 给出 2008~2015 年中国三项基本医疗保险制度的参保情况①。图 1-2 显示，中国基本医疗保险制度的参保总人数自 2008 年以来逐年增加，2011 年参保总人数首次超过 13 亿人，参保率首次超过 95%，这意味着中国初步实现了基本医疗保险的"人员全覆盖"，2012 年温家宝总理在政府工作报告中宣布中国进入全民医保时代。2012 年及其之后基本医疗保险的参保总人数都稳定在 13 亿人以上，参保率都维持在 95% 以上②。虽然目前中国基本医疗保险制度已实现"全民覆盖"，但是该制度发展不平衡不充分的问题仍然比较突出，主要表现是公平性不足：一是三项基本医疗保险制度之间筹资和保障的差距较大，2015 年城职保、城居保和新农合的人均筹资分别为 3144 元、560 元和 490 元，城职保的住院费用实际报销比例略高于 70%，城居保和新农合的住院费用实际报销比例都在 55% 左右（李珍和黄万丁，2017）；二是除了不同基本医疗保险制度之间存在保障水平的差异外，在同一基本医疗保险制度内部也有受益不公平的现象，高收入群体获得的住院报销金额显著高于低收入群体（姚奕等，2017）；三是医疗保险资源存在显著的城乡和地区差异，由于基本医疗保险制度主要实行县市级统筹和属地管理，即使是同一基本医疗保险制度的保费水平、保障范围、报销比例和报销方式等制度安排也具有明显的地区差异，而实际拥有医疗保险资源的差异会导致就医行为的地区不平衡性（牛建林和齐亚强，2016）。

---

① 图 1-1 显示，自 2008 年以来，城职保和城居保的参保人数都逐年增加，2015 年二者的参保人数分别为 28893 万人和 37689 万人；新农合的参保人数先增加后减少，其在 2008~2013 年期间始终稳定在 8 亿人以上，2014 年和 2015 年呈现出明显的下降趋势，2015 年参保人数为 67029 万人，新农合参保人数减少的原因在于，随着城镇化的推进以及地方政府人社和卫生两个部门的职能调整，部分人员开始从新农合转换到城居保或者整合到城乡居民基本医疗保险制度中去、部分城市统一实行城乡居民基本医疗保险制度（于保荣等，2016；方鹏骞和闵锐，2017）。由于 2016 年参保数据信息存在中断，有将近 3 亿人没有在统计年鉴中显示，图 1-1 和图 1-2 没有包含 2016 年及其之后年份的数据信息。

② 图 1-2 显示，中国基本医疗保险制度的参保总人数由 2008 年的 113340 万人逐年增加到 2013 年的 137281 万人，2014 年下降到 133374 万人，2015 年略微增加到 133611 万人；参保率由 2008 年的 85.34% 逐年增加到 2013 年的 100.89%，于保荣等（2016）认为 2013 年统计的参保总人数大于当年全国人口总数是因为部分人员存在重复参保问题，2014 年和 2015 年参保率逐年降低，但都在 97% 以上。

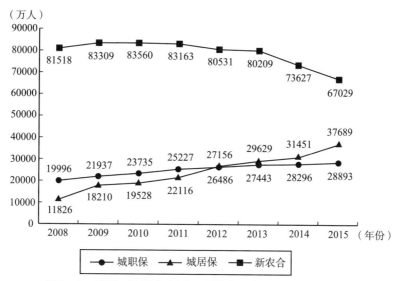

图 1 - 1　2008～2015 年中国三项基本医疗保险制度参保人数

资料来源：2009～2012 年《中国卫生统计年鉴》；2013～2017 年《中国卫生和计划生育统计年鉴》。

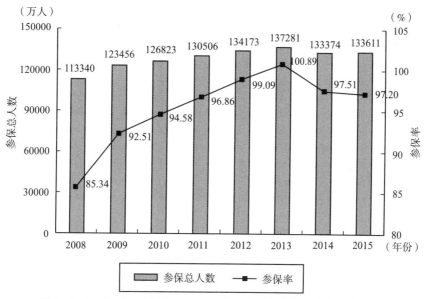

图 1 - 2　2008～2015 年中国基本医疗保险制度参保总人数和参保率

注：参保率 = 参保总人数/当年全国人口总数 ×100% 。

资料来源：2009～2012 年《中国卫生统计年鉴》；2013～2017 年《中国卫生和计划生育统计年鉴》；《中国统计年鉴（2017）》。

另外，制度和人员的"全民覆盖"并不是真正意义上的"全民健康覆盖"（Universal Health Coverage，UHC），UHC 是指所有人都能在不面临财政困难的情况下获得所需的基本卫生服务①。中国居民"看病贵"和"因病致贫、因病返贫"的问题仍然存在，并且随着人口老龄化的加剧和疾病谱的转换，中国居民的医疗服务需求将进一步增加，与年龄相关的慢性非传染性疾病负担会随之增加。中国健康与养老追踪调查（China Health and Retirement Longitudinal Study，CHARLS）数据显示，2015 年中国 45 岁及以上中老年人过去一个月门诊疾病患病率为 28.94%，门诊疾病未就诊比例为 32.54%，其中，未就诊的主要原因是病情不重（54.20%），其次是经济困难（16.43%）；过去一年住院疾病患病率为 17.37%，应住院未住院比例为 23.20%，其中，未住院的主要原因是经济困难（52.32%）；过去一年最近一次出院时病没有完全好，自己要求出院的比例为 27.20%，其中，要求提前出院的最主要原因是经济困难（45.35%）。与 2011 年相比，中国中老年人的门诊疾病患病率和住院疾病患病率分别增加 2.43 个百分点和 4.09 个百分点②。

虽然中国的收入差距自 2008 年以来呈现出下降的趋势，但是基尼系数仍然高于 0.4 的"警戒线"标准：国家统计局的住户调查数据显示，中国的基尼系数由 2003 年的 0.479 波动增加到 2008 年的 0.491，随后逐渐下降到 2016 年的 0.465③。收入差距过大容易引发一系列社会经济问题，不利于社会稳定和全面建成小康社会。2017 年中共十九大报告指出，要"履行好政府再分配调节职能，加快推进基本公共服务均等化，缩小收入分配差距"。2021 年 9 月国务院办公厅印发的《"十四五"全民医疗保障规划》指出，要"建设公平医保"，使"基本医疗保障更加公平普惠，制度间、人群间、区域间差距

---

① UHC 是联合国 2015 年提出可持续发展目标（Sustainable Development Goals，SDGs）中与健康福祉相关目标的核心，可持续发展目标 3.8（SDG 3.8）指出："实现 UHC，包括提供金融风险保护，人人享有优质的基本卫生服务，人人获得安全、有效、优质和负担得起的基本药品和疫苗"。

② 根据中国健康与养老追踪调查 2015 年和 2011 年相关数据整理计算。CHARLS 是由北京大学国家发展研究院主持、北京大学中国社会科学调查中心执行的一项关于中国 45 岁及以上中老年人的调查，是一个公开的、高质量的、具有全国代表性的微观数据库，为研究中老年人的健康状况、医疗服务需求和医疗费用负担提供了翔实的数据，参考网址为 http://charls.pku.edu.cn/zh-CN。

③ 国家统计局住户调查办公室：《中国住户调查年鉴（2017）》第 457 页。

逐步缩小，医疗保障再分配功能持续强化"。包括医疗保险在内的社会保障制度[①]是收入再分配的重要工具，国内外社会保障与收入分配的实践和研究均表明，社会保障制度在调节收入分配过程中发挥重要作用（王延中等，2016；李实等，2017）。由于医疗保险是医疗需求和保险需求的双重结合，明显区别于养老保险、失业保险等其他社会保障项目，那么，中国的基本医疗保险制度是否起到收入再分配的作用，如何充分发挥医疗保险的收入再分配效应？为了回答上述问题，需要结合中国基本医疗保险制度的最新发展情况，单独分析医疗保险对收入分配的影响。

综上所述，本书主要关心的是，"全民覆盖"背景下中国基本医疗保险制度的受益公平和收入再分配效应，研究的问题是，制度间不同的基本医保类型和制度内不同的收入群体之间的受益公平情况，以及基本医疗保险制度是否缩小了收入差距，促进了不同收入群体的受益公平？特别是低收入群体是否真正实现"病有所医、医有所保"？

1.1.2　研究意义

本书研究的理论意义在于，将健康状况、医疗支出和医保报销同时纳入受益公平的研究框架，全面分析制度间不同的基本医保类型和制度内不同的收入群体之间实际医保受益的情况，详细考察了中国基本医疗保险制度的受益公平情况。同时，从国家和省级两个层面构建测算医疗保险收入再分配效应的研究体系，在国家层面，聚焦于医保受益对收入差距的影响，直接考察医疗支出和医保报销环节收入再分配的最终效应，并且使用 AJL 分解方法分析影响收入再分配的因素及其影响程度；在省级层面，将医保缴费、医疗支出和医保报销这三个环节同时纳入收入再分配的研究框架，分城镇和农村两个样本实证分析基本医疗保险制度收入再分配的中间效应、最终效应及其影响因素，这丰富了包括医疗保险在内的社会保障制度的收入再分配效应研究，

---

① 社会保障主要由社会保险、社会救济、社会福利和优抚安置等内容构成的综合性政策体系，其中，社会保险是社会保障的核心内容，包括养老保险、医疗保险、失业保险、工伤保险和生育保险等项目。

具有一定的学术价值。

本书研究的现实意义在于,随着中国经济进入新常态,居民的医疗保障需求不断增加,社会对公平正义的诉求不断提高,研究中国基本医疗保险制度的受益公平和收入再分配效应,能为改革和完善中国医疗保险制度,建设更加公平可持续的医疗保险制度,逐步缩小城乡、地区和人群之间医保待遇的差距,实现全民健康覆盖提供政策建议,具有明显的实践价值。

1.2 研究内容和框架

1.2.1 研究内容

本书研究中国基本医疗保险制度的受益公平和收入再分配效应,旨在解决以下两个问题:

(1) 中国基本医疗保险制度是否促进了受益公平?具体来说,健康状况、医疗支出和医保报销的受益归宿如何?分别有哪些影响因素?制度间不同的基本医疗保险类型和制度内不同的收入群体之间的受益公平情况有何差异?

(2) 中国基本医疗保险制度是否发挥缩小收入差距、调节收入分配的作用?具体来说,从国家层面上看,医疗支出和医保报销环节对初始收入差距有何影响?这种影响在不同基本医疗保险制度之间是否存在差异?有哪些影响因素?从省级层面上看,医保缴费、医疗支出和医保报销这三个环节分别起到怎样的调节作用?三者加总之后是否缩小了收入差距?城镇和农村不同收入群体之间有何差别?纵向来看,收入再分配效应有何变化趋势?

本书包含六个章节,各章节的主要研究内容如下:

第1章:引言。介绍了本书的研究背景和研究意义,阐述了本书的研究内容、研究框架和主要的研究方法,并总结了本书可能的创新点和不足之处。

第 2 章：概念界定、理论基础和文献综述。界定了本书的核心概念，基于理论基础和公共政策两个角度论证了将受益公平和收入再分配效应同时纳入分析框架的必要性，并从信息不对称理论和公共产品理论两个方面说明了政府干预基本医疗保险制度的合理性，详细梳理了与基本医疗保险制度的受益公平和收入再分配效应相关的两类文献，在评述现有研究成果的基础上，总结了本书研究的不同之处。

第 3 章：基本医疗保险制度的受益公平分析。基于中国家庭金融调查 2013 年数据，以基本医疗保险制度参保者为研究对象，将健康状况、医疗支出和医保报销同时纳入受益公平的研究框架，首先描述分析了中国基本医疗保险制度的受益归宿情况，然后在控制年龄、性别、婚姻状态、教育年限等其他因素的条件下，实证检验了制度间不同的基本医疗保险类型和制度内不同的收入群体之间的受益公平情况。

第 4 章：国家层面基本医疗保险制度的收入再分配效应。基于医疗保险受益的视角，在国家层面仍以参保个体为研究对象，使用中国家庭金融调查 2013 年数据，实证分析了不同基本医疗保险制度医疗支出和医保报销环节收入再分配的最终效应，并将其分解为垂直效应、水平不公平效应和再排序效应，从而考察影响收入再分配的因素及其影响程度。

第 5 章：省级层面基本医疗保险制度的收入再分配效应。基于医疗保险制度运行过程的视角，在省级层面以家庭为研究对象，使用辽宁省和陕西省两个省份的收入分组数据，分城镇和农村两个样本，实证分析了医保缴费、医疗支出和医保报销这三个环节收入再分配的中间效应和最终效应及其影响因素。

第 6 章：研究结论和政策建议。系统概括了各章节的研究结论，并据此提出改革和完善中国基本医疗保险制度的政策建议。

1.2.2 研究框架

本书的研究框架如图 1 - 3 所示。

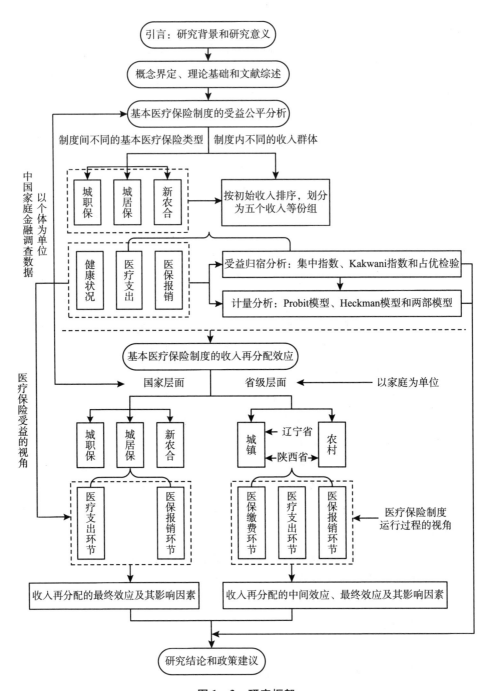

图 1-3 研究框架

1.3　主要研究方法

本书针对不同的研究内容采取不同的研究方法，主要研究方法如下：

（1）文献分析法。通过收集、阅读和整理国内外有关医疗保险的受益公平和收入再分配效应的文献，总结和评述现有的研究成果和研究进展，在此基础上，确定本书的研究框架和研究思路。

（2）定性和定量相结合的方法。本书在对基本医疗保险制度的属性和类型、受益公平的界定和评价维度、收入再分配的内涵和度量、受益公平和收入再分配的关系，以及政府干预基本医疗保险制度的理论基础进行定性分析的基础上，对中国基本医疗保险制度的政策效果——受益公平和收入再分配效应进行了定量分析，在对数据进行预处理的基础上，首先使用描述性统计初步分析基本医疗保险制度的受益分布和收入分布等情况，然后使用 Stata 等计量软件进行实证分析，具体来说，在研究受益公平时，分别使用 Probit 模型、Heckman 选择模型或两部模型实证分析健康状况、医疗支出情况和医保报销情况；在研究收入再分配时，使用 MT 指数测算收入再分配效应，在国家层面使用 AJL 方法将收入再分配的最终效应分解为垂直效应、水平不公平效应和再排序效应，在省级层面参照卡克瓦尼（Kakwani，1977）的做法，将收入再分配的中间效应分解为平均税率和 Kakwani 指数，详细考察影响收入再分配效应的因素及其影响程度。

（3）比较分析法。比较分析法贯穿本书研究的始终，在受益公平的研究中，本书比较分析了制度间不同的基本医保类型（城职保、城居保和新农合）和制度内不同的收入群体（五个收入等份组）在健康状况、医疗支出情况和医保报销情况上的差异；在收入再分配效应的研究中，本书在国家层面比较分析了城职保、城居保和新农合在医疗支出和医保报销环节收入再分配的最终效应，通过分析垂直效应、水平不公平效应和再排序效应在收入再分配效应中的构成情况，判断收入再分配效应的主要来源，在省级层面比较分析了城镇和农村两个样本在医保缴费、医疗支出和医保报销环节收入再分配的中间效应、最终效应及其影响因素。

1.4 创新点和不足

1.4.1 创新点

在中国基本医疗保险制度已经实现"全民覆盖"的背景下，本书对基本医疗保险制度的受益公平和收入再分配效应进行了全面系统的研究，本书可能的创新点主要体现在以下三个方面：

（1）基于公平正义这一基本医疗保险制度的核心价值理念，本书说明了受益公平和收入再分配效应的辩证统一关系，并从理论基础和公共政策两个角度论证了将受益公平和收入再分配效应结合起来纳入同一分析框架的合理性和必要性，弥补了当前基本医疗保险制度实施效果研究的不足，也为其他社会保障项目的效果评价提供了分析思路上的借鉴。

（2）与以往研究有无基本医疗保险覆盖对医疗服务需求和医疗支出情况的影响相比，本书研究的关注点是评价参加基本医疗保险制度之后的过程公平和结果公平，将健康状况、医疗支出和医保报销同时纳入受益公平的分析框架，在现有研究主要使用集中指数度量绝对公平的基础上，本书增加了相对公平的评价维度，为理解中国基本医疗保险制度的受益公平性提供了更为全面的视角，同时本书使用 Heckman 选择模型或两部模型解决医疗支出和医保报销数据中的"零值"带来的样本选择偏误问题，提高了研究结论的准确性。

（3）区别于现有研究只关注基本医疗保险制度运行过程的某个或某些环节的收入再分配效应，本书同时将医保缴费、医疗支出和医保报销这三个环节纳入收入再分配的分析框架，从国家和省级两个层面系统研究了中国基本医疗保险制度的收入再分配效应，并采用相应的分解方法，全面考察了影响收入再分配效应的因素及其影响程度。其中，国家层面以个体为单位，比较分析了不同基本医疗保险制度在医疗支出和医保报销环节收入再分配的最终效应及其影响因素；省级层面以家庭为单位，比较分析了城镇和农村在医保缴费、医疗支出和医保报销这三个环节收入再分配的中间效应、最终效应及其影响因素。

1.4.2　不足

本书还存在以下不足之处，有待在未来的研究中进一步改进和完善：

（1）在研究不同基本医疗保险制度的受益公平和收入再分配效应情况时，本书均使用中国家庭金融调查 2013 年数据，筛选出参加三项基本医疗保险制度的个体，将是否参保和参加哪项基本医疗保险制度作为外生给定的条件，只考察 2013 年一年的情况，因此这部分研究结果体现的是静态上不同基本医疗保险制度的受益公平和收入再分配效应情况，没有考虑不同基本医疗保险制度政策效果的动态变化，未来需要进一步完善这方面的研究。

（2）受数据所限，很难获得全国和县市级不同收入群体缴纳医疗保险和报销医疗费的数据，并且在本书研究期间，在省级层面只有辽宁省和陕西省两个省份公布城镇居民家庭样本或加上农村居民家庭两个样本下五个等份组的可支配收入、医保缴费、自付支出和医保报销数据，因此本书在研究基本医疗保险制度的收入再分配效应时，城镇样本使用辽宁省和陕西省两个省份的数据，农村样本使用陕西省的数据。由于中国基本医疗保险制度的框架是统一的，使用辽宁省和陕西省两个省份的数据可以窥见全国其他省份情况，进而为研究全国情况提供依据。但是考虑到目前医疗保险的统筹层次低的事实，未来如果能获得县市级的数据，可以进行更严谨的实证分析。

（3）在基本医疗保险制度的受益公平分析中，本书实证检验了制度间不同的基本医疗保险类型和制度内不同的收入群体在健康状况、医疗支出情况和医保报销情况上的差异，体现的是相关关系，而不是因果关系，本书没有解决其中可能存在的内生性问题，例如，收入和健康之间存在互为因果的关系，未来可进一步扩展这方面的研究。

第 2 章
概念界定、理论基础和文献综述

2.1 概念界定

2.1.1 基本医疗保险制度

2.1.1.1 基本医疗保险制度的属性

按照定义范围，医疗保险可分为广义和狭义两种类型（王虎峰，2011）。其中，狭义的医疗保险近似于"medical insurance"，用于分散疾病带来的医疗费用风险；广义的医疗保险在国际上一般称为"health insurance"，通常译为"健康保险"，涵盖的内容更为丰富，既补偿疾病带来的医疗费用，还补偿预防免疫、健康促进、康复护理等卫生服务费用，甚至还会补偿由疾病带来的间接收入下降等损失。

按照经营性质和目的，医疗保险可分为社会医疗保险和商业医疗保险两种类型（王虎峰，2011）。其中，社会医疗保险通常采取国家立法形式，由政府设立专门机构负责经办运营，通过经济、行政、法律等手段强制实施和组织管理，不以营利为目的，具有社会保险的强制性、互济性、社会性等基本特征；商业医疗保险根据商业原则由专门的保险公司负责经营，通过保险人与被保险人之间自愿订立保险合同来转移医疗费用风险，进而实现损失补偿或给付，是以营利为目的的非强制性医疗保险。

从定义范围上看，中国基本医疗保险制度属于狭义的医疗保险，补偿范围仅限于疾病带来的直接经济损失，即因就医治疗而发生的各种狭义的医疗费用，包括门诊、住院、检查、手术和药品等费用，但不包括因患病带来的劳动时间减少进而导致收入降低、异地就医带来的交通费用和食宿费用等间接支出，并且健康体检、预防保健等非疾病治疗类项目没有纳入基本医疗保险的保障范围。

从经营性质和目的上看，中国基本医疗保险制度属于社会医疗保险，是由政府主导建立的、覆盖城乡全体居民的医疗保险制度，通过大数法则分散疾病带来的医疗费用风险、实现社会共担风险，确保患病居民获得所需的基本医疗服务，进而提高社会整体的健康水平，不以营利为目的，具有互助共济的特点。

2.1.1.2 基本医疗保险制度的类型

目前中国基本医疗保险制度已基本实现了"全民覆盖"，主要由城职保、城居保和新农合三项制度构成，表2-1给出三项基本医疗保险制度的比较分析。

表 2-1 三项基本医疗保险制度的比较

制度	城职保	城乡居民医保	
		城居保	新农合
建立时间	1998 年	2007 年	2003 年
政策文件	《关于建立城镇职工基本医疗保险制度的决定》（国发〔1998〕44 号）	《关于开展城镇居民基本医疗保险试点的指导意见》（国发〔2007〕20 号）	《关于建立新型农村合作医疗制度的意见》（国办发〔2003〕3 号）
管理部门	人社部	人社部	国家卫计委
覆盖人群	城镇从业居民	城镇非从业居民	农村居民
参保方式	强制参保	以个人（家庭）为单位自愿参保	以家庭为单位自愿参保

续表

制度	城职保	城乡居民医保	
		城居保	新农合
统筹单位	原则上以地级以上行政区（包括地、市、州、盟）为统筹单位，也可以县（市）为统筹单位	与城职工相同	一般以县（市）为统筹单位
筹资机制	用人单位和职工个人共同缴费，用人单位缴费率为职工工资总额的6%，其中30%计入个人账户，70%计入统筹账户；职工缴费率为本人工资的2%，全部计入个人账户	以家庭缴费为主，政府给予适当补助，2018年人均筹资695.7元[a]	个人缴费、集体扶持和政府资助相结合，2018年人均筹资654.6元[a]
2018年人均基金收入[b]	4270.7元	777.1元*	673.1元
2018年人均基金支出[b]	3377.6元	699.8元*	645.4元
2018年政策范围内住院费用基金支付比例[b]	81.6%	65.6%	
2018年实际住院费用基金支付比例[b]	71.8%	56.1%	
基金最高支付限额[c]（报销封顶线）	当地职工年平均工资的6倍	当地居民年人均可支配收入的6倍	当地农民年人均纯收入的6倍
2013年报销门诊费用的县的数量[c]	100	58	79
2013年报销门诊大病和慢病的县的数量[c]	100	83	89
2013年目录内药品种类[c]	2300	2300	800

注：上标 * 代表该数据包含城乡居民医保整合的部分。
资料来源：笔者自行整理。其中，上标 a 代表数据来源于《中国卫生健康统计年鉴（2019）》，上标 b 代表数据来源于国家医疗保障局（2019），上标 c 代表数据来源于封进等（2018）。

城职保于 1998 年建立，由人社部负责管理，覆盖城镇从业居民，要求强制参保；实行用人单位和职工个人共同缴费的筹资机制，其中用人单位缴费率为职工工资总额的 6%，按照 3∶7 的比例分别计入个人账户和统筹账户，职工缴费率为本人工资的 2%，全部计入个人账户；原则上以地级以上行政区或以县（市）为统筹单位；从基金收支情况上看，2018 年人均基金收入和人均基金支出分别为 4270.7 元和 3377.6 元，远高于城居保和新农合；从享受待遇情况上看，2018 年政策范围内住院费用基金支付比例和实际住院费用基金支付比例分别为 81.6% 和 71.8%，明显高于城乡居民医保，基金最高支付限额[①]为当地职工年平均工资的 6 倍，2013 年报销门诊费用的县的数量、报销门诊大病和慢病的县的数量都是 100 个，高于城居保和新农合，在 2013 年目录内药品种类上，城职保和城居保都是 2300 种，比新农合多出 1500 种。[②]

城居保于 2007 年开始试点，也由人社部负责管理，覆盖城镇非从业居民，以个人（家庭）为单位自愿参保；实行以家庭缴费为主，政府给予适当补助的筹资机制，2018 年人均筹资 695.7 元；统筹单位与城职保相同；从基金收支情况上看，2018 年人均基金收入和人均基金支出远低于城职保，但略高于新农合；从享受待遇情况上看，基金最高支付限额为当地居民年人均可支配收入的 6 倍，2013 年报销门诊费用的县的数量、报销门诊大病和慢病的县的数量在三项基本医疗保险制度中最少。[③]

新农合于 2003 年建立，由国家卫计委负责管理，覆盖农村居民，以家庭为单位自愿参保；实行个人缴费、集体扶持和政府资助相结合的筹资机制，2018 年人均筹资 654.6 元；一般以县（市）为统筹单位；从基金收支情况上看，2018 年人均基金收入和人均基金支出在三项基本医疗保险制度中最低；从享受待遇情况上看，基金最高支付限额为当地农民年人均纯收入的 6 倍，2013 年目录内药品种类在三项基本医疗保险制度中最少。[④]

2016 年 1 月，国务院发布《关于整合城乡居民基本医疗保险制度的意见》指出，按照"覆盖范围、筹资政策、保障待遇、医保目录、定点管理和基金管理"的"六个统一"要求，整合城居保和新农合，建立统一的城乡居

---

① 基金最高支付限额是指参保人在一个年度内累计能从医保基金获得的最高报销金额，以下也被称为"封顶线"。

②③④ 根据《中国卫生健康统计年鉴（2019）》、国家医疗保障局（2019）、封进等（2018）整理。

民基本医疗保险制度（以下简称"城乡居民医保"），覆盖除城镇从业居民以外的其他城乡居民，原则上以地（市）级为统筹单位，有条件的地区推行省级统筹。截至 2018 年 1 月 1 日，全国 333 个地市中已有 86%（286 个）出台或启动运行城乡居民医保制度整合实施方案（方木，2018），截至 2018 年末，还有辽宁、吉林、安徽、海南、贵州、陕西、西藏共 7 个省份尚未完成城乡居民医保制度整合（国家医疗保障局，2019），并且当前城乡居民医保制度整合的实际进展落后于预期规划，各地实施"分档缴费、待遇和缴费相挂钩"的措施没有解决经济困难居民医疗负担过重的问题，存在隐性不公平的约束（仇雨临和王昭茜，2018）。从管理体制上看，大部分整合后的城乡居民医保由人社部负责，还有部分由卫生部或财政部负责，也有整合后仍然分别管理的；从统筹层次上看，大部分整合后的城乡居民医保仍然保留基金分级管理体制，所谓的市级统筹主要体现在各县向市级医保机构缴纳风险调剂金，这实质上仍是县级统筹（朱恒鹏，2018）。2018 年 3 月 21 日，中共中央印发《深化党和国家机构改革方案》，提出组建国家医疗保障局，5 月 31 日，国家医保局正式挂牌，统一负责人社部的城职保、城居保和生育保险职责，国家卫计委的新农合职责，国家发改委的药品和医疗服务价格管理职责，民政部的医疗救助职责，有利于进一步推进城乡居民医保制度整合、提高医保基金统筹层次。

2.1.2 基本医疗保险制度的受益公平

2.1.2.1 医疗服务领域的公平

公平通常被认为是医疗服务领域的一个重要政策目标。对公平的理解包括平等主义和自由主义两种观点。平等主义认为，获得医疗服务是每个公民的权利，这不受收入和财富的影响，主张建立公共筹资的医疗体系，按照支付能力筹集资金，并且按照需要分配医疗服务；自由主义则把医疗服务当作社会奖赏系统的一部分，人们可以使用其收入和财富获得比其他人更多或者更好的医疗服务，建议实行私人筹资的医疗体系，按照支付意愿和能力分配医疗服务，而公共参与尽量最小化，只限于为穷人提供最低标准的支持。实践中，大多数国家医疗服务的筹资和提供是这两种观点的混合，并且重点会随着政权的更替发生变化（Williams，1993）。

卫生经济学中关于公平性的通常定义主要涉及医疗服务筹资和医疗服务提供两个方面（Wagstaff et al.，1989；Wagstaff and van Doorslaer，2000）。医疗服务筹资公平是指医疗服务按照支付能力进行筹资，分为垂直公平和水平公平。其中，垂直公平是指不同支付能力的人支付不同；水平公平是指相同支付能力的人支付相同。医疗服务提供公平是指医疗服务按照需要进行分配，同样分为垂直公平和水平公平。其中，垂直公平是指不同需要的人获得的医疗服务不同；水平公平是指相同需要的人得到同等的治疗。实践中通常关注医疗服务筹资的垂直公平和医疗服务提供的水平公平。

2.1.2.2　基本医疗保险制度的公平

姚奕（2016）指出，公平的基本医疗保险制度是指社会全体成员具有获取所需基本医疗服务的同等权利，不受收入、地区和身份等因素的影响，要通过医疗保险制度安排，确保所有居民健康权和医疗权的起点公平，维护过程公平，进而促进结果公平。其中，起点公平是指全体居民都享有基本医疗保障的权利，并有参加相应的医疗保险项目的机会；过程公平是指现有的基本医疗保险制度设计按照公平原则对低收入群体、欠发达地区给予适当的政策倾斜；结果公平是指从基本医疗保险制度的运行结果上看制度间不同的医疗保险项目和制度内不同的收入组别之间以住院率和医保报销费用等指标衡量的受益公平。

李超凡（2018）根据运行阶段将基本医疗保险制度的公平划分为参保公平、筹资公平、医疗服务利用公平和受益公平四个方面。其中，参保公平是指所有社会成员的参保机会均等，不受年龄、性别、职业、收入和地区等因素的限制；筹资公平是指按照支付能力原则缴纳保费，缴费负担随着支付能力的提高而增加，即医疗保险缴费应满足垂直公平的原则；医疗服务利用公平是指相同需要的参保者获得相同的医疗服务，即医疗服务利用应满足水平公平的原则；受益公平是指医疗保险基金补偿和再分配应该向低收入群体等弱势群体倾斜。从动态发展的角度上看，参加医疗保险并缴纳保费是社会成员获得医疗保险待遇补偿的基础和前提，因此参保公平和筹资公平属于起点公平；患病的参保者利用医疗服务是基本医疗保险制度运行的重要过程，因此医疗服务利用公平属于过程公平；参保者获得医疗保险补偿是基本医疗保险制度运行的直接结果，因此受益公平属于结果公平。

2.1.2.3 基本医疗保险制度的受益公平

自 2012 年起，中国基本医疗保险制度的参保总人数都稳定在 13 亿以上，参保率都维持在 95% 以上，基本实现了"全民覆盖"，可见中国基本医疗保险制度的参保公平较高，基本实现了全体居民健康权和医疗权的起点公平。因此，本书关注的重点是中国基本医疗保险制度的过程公平和结果公平，具体是指医疗服务利用公平和医疗保险报销公平。

本书对受益公平的界定如下：参保者的医疗服务利用和医保报销只由个体的年龄、性别、健康等医疗需要[①]因素决定，而不受收入、教育、户口等非需要因素的影响。受益公平包括健康公平、医疗服务利用公平和医保报销公平三个方面，三者的关系是：参保者患病后先使用医疗服务、发生医疗支出，其次才涉及医保报销的问题，将健康状况、医疗服务利用和医保报销结合起来衡量医保受益的公平性，可以更为全面并且更加准确地评估基本医疗保险制度的政策效果。

由于低收入群体的健康状况通常更差（van Doorslaer et al.，1997；van Doorslaer and Koolman，2004），确保低收入群体基本医疗服务的可及性和可支付性是实现受益公平的关键。因此，本书从绝对公平和相对公平两个维度评价基本医疗保险制度的受益公平情况：前者是指医疗服务利用程度和医保报销金额是否向低收入群体倾斜，用于评价基本医疗保险制度政策目标的实现程度；后者是指医疗支出和医保报销是否缩小了初始收入差距，是评价基本医疗保险制度受益公平情况的一个底线标准。需要注意的是，绝对公平和相对公平的评价结果可能并不一致，例如，虽然医保报销金额集中于高收入群体，不符合绝对公平的原则，但是如果低收入群体的医保

---

① 医疗需要（medical need）和医疗需求（medical demand）具有明显区别：前者是指由患病、实际健康状况差于理想健康状况等客观标准决定的要求；后者是指在一定时期内和价格下，患者愿意且有能力购买的医疗服务及其数量，受医疗需要、个体收入和主观偏好等因素的影响。

报销占比高于其收入占比，医保报销起到缩小初始收入差距的作用，则符合相对公平的原则。

2.1.3 基本医疗保险制度的收入再分配效应

2.1.3.1 收入再分配的内涵

国民收入分配分为初次分配和再分配两个环节（权衡，2017）。初次分配是指由市场机制决定的要素分配，按照劳动、资本和土地等生产要素对国民收入贡献的大小进行分配；再分配是指由政府通过税收、转移支付和社会保障等方式对初次分配结果进行收入再次分配的过程，是维持社会稳定、维护社会公平正义的基本机制。

作为政府为面临基本风险的社会成员提供基本保障的制度安排，社会保障具有互助共济和收入再分配的功能（何文炯，2018），收入再分配功能主要涉及横向再分配和纵向再分配两个方面（王延中等，2012）。横向再分配是指同一时期不同群体之间的收入再分配，分为代内再分配和代际再分配，其中代内再分配最为常见，包括从健康群体、高收入群体和在职群体等向患病群体、低收入群体和非在职群体等的收入再分配，代际再分配主要是指从年青一代（后代）向年老一代（前代）的收入再分配；纵向再分配是指不同时期的收入再分配，分为个人纵向再分配和社会纵向再分配，其中个人纵向再分配是指个人在整个生命周期内发生的收入再分配，即个人从年青时期（工作期）向年老时期（退休期）的收入再分配，社会纵向再分配是指从社会整体角度考虑的不同时期不同代际的收入再分配。

基本医疗保险制度的收入再分配功能来自疾病风险的射幸性和基本医疗保险制度的设计原理（何文炯和朱文斌，2012）。首先，每个个体都有患病的可能性，但是疾病发生和治疗效果存在不确定性（Arrow，1963），具体来说，疾病的发生时间、类型和严重程度都具有不确定性，并且疾病发生之后，疾病治疗的过程和结果同样具有不确定性，由此导致疾病带来的医疗费用也具有不确定性，而基于大数法则的医疗保险可以分散疾病带来的非系统性风险①，具体表现为，所有参保人不可能同时患病，当部分个体患病时，总有部分个体是健康的，因此，医疗保险可以实现风险分担和互助共济，表现为从低风险人群（健康群体）到高风险人群（患病群体）的收入再分配（金彩红，2005），这是包括商业医疗保险在内的所有医疗保险都具有的制度特点。其次，从制度设计上看，基本医疗保险制度遵循权利和义务相结合的基本原则，即所有参保人都要履行医疗保险缴费的义务，在此基础上依法享有医疗保险待遇的权利，但是医疗保险缴费和医疗保险待遇并不完全对等：通常情况下，医疗保险缴费和收入相关，而医疗支出和收入不相关（封进，2019），即高收入群体承担的医疗保险缴费义务相对更多，但是由于低收入群体的患病概率更高，在理论上其享受的医疗保险待遇更多，因此，基本医疗保险制度具有高收入群体补贴低收入群体的收入再分配功能，可以起到缩小收入差距的作用，这体现了基本医疗保险制度的公平性理念，也是社会医疗保险明显区别于商业医疗保险的地方。对于基本医疗保险制度的收入再分配效应，本书研究的主要关注点是横向再分配下代内再分配中不同收入群体之间的收入再分配情况，以及纵向来看，收入再分配效应的变化趋势。

2.1.3.2 收入再分配的度量

收入再分配涉及的一个核心问题是收入差距的度量。在经济学研究中，一个好的收入差距指标应该满足以下五个公理性条件（陆铭和梁文泉，2017）：一是匿名性或无名性，是指观测结果只和收入数值有关，与被观测人的身份、地位无关；二是齐次性，是指变换度量单位不影响观测结果，即指标的规模无关性；三是人口无关性，是指样本大小不影响度量结果；四是转移原则，是指给定一个样本，如果将富人收入中的一部分钱转移给穷人，那么收入差距应该缩小；五是强洛伦兹一致性，是指在度量收入差距的时候要使用所有样本观测值而不能只用其中一部分。常用的收入差距指

---

① 区别于非系统性风险，系统性风险是指个体的患病风险不是独立的，个体一旦患病就可能影响其他个体，这类疾病风险具有很强的负外部性，例如，公共卫生领域发生的严重急性呼吸综合征（SARS）、新型冠状病毒病（COVID-19）等传染性疾病，如果大规模爆发，所有社会个体都有感染的可能性，此时大数法则很难发挥作用。

标有方差、变异系数、分组指标、基尼系数和洛伦兹曲线等，只有变异系数和基尼系数这两个指标满足上述五个公理性条件，无论是理论研究还是实证检验，通常使用基尼系数度量收入差距，基尼系数具有以下优点（赵建国和吕丹，2014）：一是使用方便，一个数值就可以反映整体的收入差距情况，建立在基尼系数基础上的 MT 指数及其分解方法被广泛应用于收入再分配效应及其影响因素的测度；二是计算方法很多，无论是五等份分组数据还是微观个体或家庭调查数据，都有对应的计算方法；三是作为国际通用指标，便于进行国内外研究的比较分析。同时需要注意的是，基尼系数存在一定的缺陷和不足，主要表现是不能反映不同群体收入结构的变化情况，因此，本书还汇报了五个等份组的收入情况和收入分布以弥补基尼系数的不足（金双华和于洁，2017）。

2.1.4 基本医疗保险制度的受益公平和收入再分配效应的关系

公平正义是中国基本医疗保险制度的核心价值理念（方鹏骞，2019），具体来说，公平包括起点公平、过程公平和结果公平三个核心内容；正义包括法律正义和分配正义两个层面，其中，法律正义是指所有个体都在医疗保障关系中承担相应义务，同时享有平等的基本医疗保障权利，分配正义分为无限分配正义和有限分配正义，前者是指基本医疗保险制度实行均等分配，后者是指当无限分配正义不能实现时，不均等分配只有在符合境况最差者（弱势群体）的利益时才被允许。

在中国基本医疗保险制度实现"全民覆盖"的背景下，全体居民享有平等的基本医疗保障权利，健康权和医疗权的起点公平得到保证，法律正义得以实现。因此，本书研究的受益公平主要关注过程公平和结果公平，即医疗服务利用和医保报销的公平性，考虑到参保者只有在患病或健康较差时才需要使用医疗服务，本书还将健康状况的公平性纳入受益公平的分析框架。本书研究的收入再分配效应主要关注分配正义，即基本医疗保险制度的运行过程对收入的影响，将医保缴费、医疗支出和医保报销中的后两个环节（国家层面）或者这三个环节（省级层面）同时纳入收入再分配的分析框架。图 2 - 1 给出本书研究的受益公平和收入再分配效应的关系。

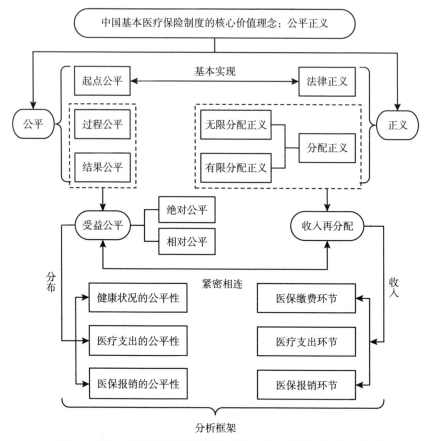

图 2 - 1　基本医疗保险制度的受益公平和收入再分配效应的关系

2.1.4.1　受益公平和收入再分配效应的联系

从概念和内涵上看，本书研究的受益公平和收入再分配效应紧密相连，相辅相成：基本医疗保险制度的实质是政府通过公共医疗保险资源的重新分配实现社会公平，收入再分配是基本医疗保险的制度属性，而社会公平是再分配的主要动机之一（Boadway and Keen，2000）[1]，并且社会公平显著影响评价收入分配涉及的描述问题和规范问题（Sen，2000）。从评价维度上看，受益公平的绝对公平原则和收入再分配效应的无限分配正义原则描述的都是一种理想状态，用于评价基本医疗保险制度政策目标的实现程度，前者是从绝对数量上判断关注变量的分布是偏向于穷人还是富人，即关注变量是否缩小了社会绝对贫富差距，后者则要求基本医疗保险制度实行均等分配；受益公平的相对公平原则和收入再分配效应的有限分配正义原则都是在前一个原则不能实现的情况下，用于评价基本医疗保险制度的受益公平情况和收入再分配效应的一个底线标准，二者都强调对低收入群体等弱势群体的照顾，前者是相对于初始收入分布，判断关注变量受益程度的高低，即关注变量是否缩小了社会相对贫富差距，后者则是基于当前收入差距过大的事实，要求在基本医疗保险制度设计时，将医疗资源和医疗保险资源的分配向低收入群体等弱势群体倾斜。

2.1.4.2 受益公平和收入再分配效应的区别

虽然本书研究的受益公平和收入再分配效应在概念和内涵以及评价维度上密切关联，但在具体的研究内容和研究方法上也存在明显的差异。首先，在研究内容方面，本书研究的受益公平是指健康等医疗需要因素而不是收入等非需要因素决定医疗服务利用和医保报销，主要考察健康状况、医疗支出和医保报销这三个关注变量的分布情况，包括关注变量数值本身的分布、关注变量分布相对于初始收入分布的均衡程度，以及在控制其他因素的条件下，制度间不同的基本医保类型和制度内不同的收入群体的健康状况、医疗支出情况和医保报销情况的差异；本书研究的收入再分配效应是指基本医疗保险制度的运行过程对收入的影响，包括国家和省级两个层面，其中，在国家层面以参保个体为研究对象，聚焦于医保受益对收入差距的影响，直接考察不同基本医疗保险制度医疗支出和医保报销环节收入再分配的最终效应及其影响因素，在省级层面以家庭为单位，分城镇和农村两个样本，详细考察医保

---

① 博德韦和奎恩（Boadway and Keen，2000）指出，再分配的另外两个主要动机分别是获得互利的效率收益和通过国家的强制力实现个人私利。

缴费、医疗支出和医保报销这三个环节收入再分配的中间效应、最终效应及其影响因素。其次，在研究方法方面，受益公平使用集中指数和 Kakwani 指数分别度量绝对公平和相对公平，使用占优检验判断关注变量的分布是否显著偏离均等分布和初始收入分布，同时使用 Probit 模型、Heckman 选择模型或两部模型在控制其他因素的条件下，实证检验关注变量的分布情况；收入再分配效应使用 MT 指数度量，在国家层面使用 AJL 方法将收入再分配的最终效应分解为垂直效应、水平不公平效应和再排序效应，在省级层面参照卡克瓦尼（Kakwani，1977）的做法，将收入再分配的中间效应分解为平均税率和 Kakwani 指数。

2.1.4.3　将受益公平和收入再分配效应纳入同一分析框架的必要性

总结受益公平和收入再分配效应的关系如下：二者辩证统一于公平正义这一核心价值理念，其中，受益公平侧重于分析健康状况、医疗支出和医保报销这三个关注变量分布的公平性，收入再分配效应侧重于分析医保缴费、医疗支出和医保报销这三个环节对收入的影响，即是否缩小收入差距、实现分配正义。将受益公平和收入再分配效应结合起来纳入同一分析框架，可以更为全面、更为系统地评估中国基本医疗保险制度的实施效果，无论是从理论基础上看，还是从公共政策上看，这一操作都具有合理性和必要性。

从理论基础上看，首先，以庇古为代表的旧福利经济学以功利主义哲学为基础，主张基数效用论，认为政府的目标是社会福利最大化，国民收入的增长和均等分配是社会福利增加的两个来源，根据边际效用递减规律，同样单位的收入给穷人带来的效用要大于富人，因此通过政府干预将富人的一部分收入转移给穷人可以增加社会的总福利。对旧福利经济学进行修正产生了新福利经济学，主张序数效用论，在帕累托最优原则的基础上提出补偿原则和社会福利函数，强调要兼顾效率和公平，认为经济效率是社会福利最大化的必要条件，合理分配是社会福利最大化的充分条件。其次，以弗里德曼为代表的货币主义学派主张"正负所得税"相结合的收入再分配制度，负所得税是指政府对于低收入者的实际收入低于维持基本生活需要的收入的部分，按照税收形式，根据税率计算补助数额，向低收入者支付所得税，既保证了低收入者的最低福利水平，促进了公平，也鼓励了他们的工作积极性，不会损害效率。再次，基于"无知之幕"的假设，罗尔斯提出两个正义原则：一是自由优先原则，即每个人都享有与其他人类似自由相一致的最广泛的自由；二是机会平等和差异原则，即社会基本产品应向所有人开放，不平等被认为是不公平的，除非这种不平等符合最少受惠者的最大利益。最后，阿玛蒂亚·森的正义观关注人的实质自由，提倡保护个体选择自身生活的能力，保证个体发展机会的平等，在收入分配方面，应保护所有个体的经济发展能力，确保弱势群体具备实现最低限度的符合要求的能力。可见公平和收入再分配在理论基础上是统一的，基本医疗保险制度的核心是通过相应的制度安排，创造并保证全体居民健康权和医疗权的起点公平，维护过程公平，最后促进结果公平或尽可能合理缩小结果的不公平，因此，在考察基本医疗保险制度的受益公平情况的同时，还需要衡量基本医疗保险制度这种再分配方式是否缩小了收入差距。

从公共政策上看，2013 年中共十八届三中全会首次提出，要"建立更加公平更可持续的社会保障制度"；2016 年《"健康中国 2030"规划纲要》指出，"公平公正"是推进健康中国建设的主要原则之一，要"逐步缩小城乡、地区、人群间基本健康服务和健康水平的差异，实现 UHC，促进社会公平"；2016 年《"十三五"深化医药卫生体制改革规划》提出，要"坚持以人民健康为中心"，"公平可及"和"群众受益"是深化医改的目标；2017 年中共十九大报告指出，要"促进社会公平正义"，在"病有所医"上不断取得新进展，要"履行好政府再分配调节职能，加快推进基本公共服务均等化，缩小收入分配差距"；2018 年《医疗保障扶贫三年行动实施方案（2018—2020年）》指出，要"公平普惠提高城乡居民基本医保待遇"，通过落实"基本医疗保障范围规定"和"分级诊疗制度"，"促进就医公平可及"；2020 年《关于深化医疗保障制度改革的意见》提出，要"增强医疗保障的公平性""强化制度公平，逐步缩小待遇差距，增强对贫困群众基础性、兜底性保障"；2021 年 9 月国务院办公厅印发的《"十四五"全民医疗保障规划》指出，要"建设公平医保"，使"基本医疗保障更加公平普惠，制度间、人群间、区域间差距逐步缩小，医疗保障再分配功能持续强化"。可见基本医疗保险制度作为一项重要的社会保障制度，实现其社会公平的目标和收入再分配的功能具有重要的现实意义，因此，在评估中国基本医疗保险制度的政策效果时，有必要将受益公平和收入再分配效应结合起来纳入同一分析框架。

2.2　理论基础

2.2.1　医疗保险市场的逆向选择和风险选择

基于信息不对称理论（Hurley，2000），医疗保险市场存在逆向选择（adverse selection），因为市场上潜在的投保人比保险人更了解自身的健康状况，所以高风险人群比低风险人群更愿意参加保险，保险人集合并经营高风险的结果是不断提高保费，由此导致越来越多更需要保险保护的个体买不起保险，而这些个体通常是健康状况较差、收入水平较低的医疗弱势群体。另外，信息不对称还体现在保险人对投保人的风险选择（risk selection，也被称为撇脂行为 cream-skimming），即保险人通过设定条件，选择没有风险或者低风险人群来增加业务量，拒绝高风险人群，由此导致最需要保障的人群不能从医疗保险市场获得保险。可见，信息不对称会导致医疗保险市场失灵：低风险人群不愿意参保、高风险人群没有能力或者被拒绝参保，这是政府干预基本医疗保险制度的重要原因之一，通过推行强制性保险，确保健康状况较好的低风险人群不能自由退出，同时通过提供财政补贴，确保健康状况较差、收入水平较低的高风险人群应保尽保。

2.2.2　基本医疗保险制度的俱乐部产品特征和正外部效应

基于公共产品理论（Buchanan，1965），基本医疗保险制度属于俱乐部产品（club goods），排他性体现在只有缴纳医疗保险费才能进入俱乐部，俱乐部中的所有成员都有同样的机会获得医保受益，但因为缴费和受益不对等，所有成员都希望少缴费，由此会产生"搭便车"的行为。在达到拥挤点之前，该产品具有非竞争性，多增加一个消费者的边际成本可以忽略不计；在达到拥挤点之后，该产品的竞争性随着消费人数的增加由弱变强，发生拥挤问题。由于医疗保险是医疗需求和保险需求的双重结合。从医疗角度上看，如果就医的俱乐部成员超过定点医疗机构的服务承载能力，则会产生拥挤现象；从保险角度上看，一方面，俱乐部成员越多，风险分担成本越低，另一方面，如果需要报销的俱乐部成员数超过医保经办机构在规定时间内的最大服务人数，则需要付出等待成本，同样会出现拥挤问题，当新成员进入产生的边际拥挤成本等于风险分担带来的边际节约成本时，基本医疗保险制度可以实现最佳供给。但是受户籍、职业、行业和地域等因素影响，每个俱乐部内部又划分为若干个小俱乐部，基本医疗保险制度的受益范围呈现"碎片化"现象。另外，基本医疗保险制度具有明显的正外部效应（positive externalities），体现在患病的俱乐部成员接受基本医疗服务，有利于提高个体的健康水平，还有利于经济的可持续发展和社会的和谐稳定，同时，基本医疗保险制度是国家实施精准扶贫和健康扶贫的有效手段，具有重要的实践价值。考虑到基本医疗保险制度的俱乐部产品特征和正外部效应，如果仅由市场提供，则不能实现有效供给进而满足所有社会成员合理的基本医疗服务需求，这是政府干预基本医疗保险制度的另一个重要原因，通过政策引导和财政投入，增加医疗机构的供给能力、提高医保经办机构的服务能力、推进基本医疗保险制度整合，从而扩大基本医疗保险制度的受益范围，提高整个社会的福利水平。

2.3　文献综述

2.3.1　基本医疗保险制度的受益公平研究综述

由于参保者对医疗服务的需求是来自对健康的需求的"引致需求"（Grossman，1972），即参保者只有在患病或健康较差时才需要使用医疗服务，并且只有符合规定的医疗支出部分才能获得医保报销，本书研究的受益公平是指健康等医疗需要因素而不是收入等非需要因素决定医疗服务利用和医保报销，因此受益公平与两类文献相关：第一类文献研究的是健康不平等①和医疗服务利用情况的公平性问题；第二类文献则是关于医保报销情况的公平性研究。

2.3.1.1 健康不平等和医疗服务利用情况的公平性研究

在与收入相关的健康不平等方面，范·多尔斯勒等（van Doorslaer et al.，1997）、范·多尔斯勒和科尔曼（van Doorslaer and Koolman，2004）对经济合作与发展组织国家和欧盟成员国自评健康的研究发现，所有国家的健康不平等都显著有利于富人。在中国，无论是 6 岁及以下的未成年人（彭晓博和王天宇，2017）、18 岁以上的成年人（解垩，2009；黄潇，2012），还是 45 岁以上的中老年人（陈东和张郁杨，2015），以及 65 岁及以上的老年人（杜本峰和王旋，2013），都存在"亲富人"的健康不平等，并且"亲富人"的程度正在加剧，农村的健康不平等程度高于城市，东部地区的健康状况明显好于西部地区。

在医疗服务利用公平方面，国外研究集中于论证有相同需要的人是否得到同等的治疗，即是否存在水平公平。范·多尔斯勒和瓦格斯塔夫（van Doorslaer and Wagstaff，1992）使用直接标准化指数测量了 8 个经济合作与发展组织国家医疗服务利用（以全科、专科和住院服务支出加权后的总医疗支出衡量）的公平程度，研究发现大部分国家都存在医疗服务利用不公平的现象，但是"亲富人"还是"亲穷人"，以及不公平的程度具有国家差异。范·多尔斯勒等（van Doorslaer et al.，2000）在此基础上进行了扩展研究，既考察加总的医疗服务利用，也单独分析全科、专科和住院服务，并修正了测量方法，使用间接标准化指数分析了 10 个欧洲国家和美国的情况，几乎没有发现医疗服务提供明显不公平的证据，但是有一半国家的医疗服务明显偏向于富人，主要是因为高收入群体使用了更多的专科服务，低收入群体使用了更多的全科服务。范·多尔斯勒等（van Doorslaer et al.，2006）以过去 12

---

① 不平等和不公平具有明确界定，本书使用不平等来描述不同社会群体之间关注变量的差异，不平等包括合理的不平等和不合理的不平等：年龄、性别、健康等需要因素造成的差异被认为是合理的；收入、教育、医疗保险等非需要因素造成的差异被认为是不合理的，也是不公平的（Fleurbaey and Schokkaert，2009；Wagstaff et al.，2011）。

个月看全科或专科医生的次数衡量医疗服务利用情况，21 个经济合作与发展组织国家的比较分析得出类似的结论，并且当提供私人保险或私人医疗服务时，"亲富人"的医疗服务利用将会进一步加强。卢等（Lu et al.，2007）将研究扩展到三个高收入亚洲经济体，分析了包括西医、中医、牙医、急诊和住院在内的医疗服务利用情况，结果发现不同医疗服务在不同经济体的公平性不同。

具体到中国的研究，吴成丕（2003）使用 1999～2001 年威海城职保数据，利用基尼系数和集中指数等研究方法首次研究了中国医保制度改革对公平性的影响，结果发现城职保改善了以年就诊次数和住院天数衡量的医疗服务利用的公平性。解垩（2009）使用 1991～2006 年中国健康与营养调查（China Health and Nutrition Survey，CHNS）的截面数据，利用集中指数及其分解，检验了中国与收入相关的健康（生活质量指标）和医疗服务利用（过去四周的住院天数）的公平性，研究发现高收入群体的健康状况更好，但使用的医疗服务更多；相比于无医保者，有医保群体的医疗服务利用更多；相比于城市，农村健康不公平的程度更大。基于同样的数据，林相森和艾春荣（2009）以 2006 年患病成年人为研究样本，采用半参数方法估计 Tobit 模型检验了中国医疗服务利用（过去四周的医疗支出）不平等及其来源，结果显示在控制医疗需要的条件下，收入水平显著影响个体的医疗消费，较低的支付能力会限制部分群体使用必要的医疗服务。而齐良书和李子奈（2011）则使用 1991～2006 年的面板数据，分时段将健康（自评健康）或医疗服务利用（过去四周是否住院）不平等分解为收入流动性和健康或医疗服务利用流动性，研究发现一些新的结论：1991～2006 年中国居民的健康状况越来越差，但是低收入群体健康变差的程度小于高收入群体；2004～2006 年医疗服务利用的变动有利于低收入群体，原因在于新农合试点的正面效果。沓等（Ta et al.，2020）基于中国家庭追踪调查（China Family Panel Studies，CFPS）2010～2016 年数据，分城乡居民身份和家庭人均收入的四分位数组研究了医疗服务利用（住院率和门诊服务利用率）不公平的情况，研究发现与农村居民和困难群体相比，城镇居民和较富裕群体使用的门诊服务较少，但是城镇居民使用了更多的住院服务，而住院服务利用中的收入不平等现象并不明显。

还有部分研究聚焦于医疗服务利用的公平性在三项基本医疗保险制度、地区和城乡之间的比较分析。刘小鲁（2015）使用 2004 年、2006 年、2009 年和 2011 年四期 CHNS 数据，利用集中指数及其分解考察了三项基本医疗保险制度对医疗服务利用（过去四周的医疗费用）公平性的异质性影响，结果发现虽然中国的医疗服务利用更多集中在高收入群体，但是公平性逐年改善，其中新农合提高了低收入群体的医疗服务利用程度，而城职保和城居保都降低了医疗服务利用的公平性，但城居保的影响有限。张幸等（2016）使用 2014 年浙江省、安徽省、青海省等 6 个省份的居民健康询问调查数据，利用间接标准化和集中指数比较了三项基本医疗保险制度门诊和住院服务利用（两周就诊次数、年住院次数和天数）的公平性，结果显示从整体上看，医疗服务利用主要集中于富人，从制度间的比较上看，城居保门诊利用的公平性好于新农合和城职保，但城职保住院利用的公平性好于新农合和城居保。基于相同的医疗服务利用指标和研究方法，毛璐等（2013）使用 2011 年 8 个社区的居民健康询问调查数据，比较了我国东部、中部、西部地区城市医疗服务利用的公平性，研究发现东部地区住院利用的公平性好于门诊，西部地区门诊利用的公平性好于住院，经济水平等非需要因素对中部、西部住院利用的影响大于门诊利用。马超等（2014）使用 2009 年 CHNS 数据的实证研究表明，户籍、地域和共付率等环境因素是中国医疗服务利用（过去四周的医疗费用）机会不平等的主要原因。使用同样的医疗服务利用指标，马超等（2017）基于 1997 ~ 2006 年四期 CHNS 数据，进一步分析了城乡医疗服务利用的公平性，结果发现就医观念、医疗质量和收入上的城乡差异是导致城乡医疗服务利用机会不平等的主要因素，并且直接从统计数据上观测的结果低估了城乡间的实质不公平。

2.3.1.2 医保报销情况的公平性研究

对于医保报销情况的公平性问题，有部分研究只关注某一项基本医疗保险制度。对于城职保，李亚青（2014）基于集中指数和基尼系数对广东省两个城市的研究发现，城职保的基金补偿存在偏向富人的不公平，这种不公平在发达地区和在职群体中更为明显。对于城居保，周钦等（2016）基于 2007 ~ 2011 年国务院城居保入户调查数据，使用两部模型和二元选择模型的计量分析表明，低收入群体的医保报销金额显著低于高收入群体；曹阳和宋亚红（2015）对江苏省、甘肃省和湖南省等 5 个省份城镇居民调查数据的研究发现，健康状况最差的最贫困组的医疗支出和医疗补贴都是最少的。对于新农合，大部分研究认为新农合补偿偏向于低收入群体。例如，谭晓婷和钟甫宁（2010）使用江苏省、安徽省 2 个省 30 个县 1500 户农村居民的调查；王翠秋（2011）基于江苏省、安徽省和贵州省 3 个省 3 个县 760 户农村居民的调查。王等（Wang et al.，2016）基于安徽省调查数据，比较分析了新农合门诊和住院补偿的受益公平性，结果显示门诊补偿和支付能力无关，但在住院和总补偿方面，高收入群体的受益更多。

还有部分研究比较了不同基本医疗保险制度。赵斌等（2012）使用四次全国卫生服务调查数据，评估了城镇基本医疗保险制度的保障效果和公平性情况，研究发现城职保和城居保的保障能力不如原来的劳保医疗和公费医疗，不同医保制度参保者和不同收入群体享有的医保待遇和医疗服务（两周患病率、慢性病患病率、两周就诊率、未就诊率、住院率和需住院未住院率）的差异逐年扩大，并且再加上制度间筹资能力的差距不断增加，低收入群体承担了更多的筹资责任，城镇基本医疗保险制度的公平性较差。周忠良等（2013）使用陕西省第四次卫生服务调查数据，采用医疗服务间接标准化和集中指数方法比较了城职保和新农合住院服务的受益率和受益程度，结果表明城职保的公平性较好，而新农合的受益明显向富人倾斜，并且城职保的住院实际报销比例远高于新农合，该研究认为医保报销比例是影响居民受益情况的主要因素。姚奕等（2017）基于 2010 年 CFPS 数据，使用两部模型研究了三项基本医疗保险制度住院服务的受益情况，结果显示基本医疗保险制度不存在住院率的不公平，但存在与收入相关的住院报销金额的不公平，城职保的公平性最好，新农合次之，城居保的公平性最差，但是新农合的住院率和住院报销金额都显著更低。

另外，还有一些研究聚焦于某一项基本医疗保险制度对医疗服务利用和扣除医保报销之后的自付支出的影响。对于城职保，瓦格斯塔夫和林德罗（Wagstaff and Lindelow，2008）基于三个家庭调查数据的研究显示，城职保不仅增加了自付支出，也增加了大额和灾难性支出风险；黄和甘（Huang and Gan，2017）使用 1991～2006 年 CHNS 数据，将城职保改革当作自然实验，研究了成本分担对医疗服务需要的影响，研究发现成本分担增加会降低门诊利用率和支出，但对住院利用率和支出的影响比较微弱；王贞等（2019）使用上海市城职保实际医保报销数据，将退休前后住院报销比例的变动作为政策断点，研究了提高报销比例对男性老年人医疗服务利用的影响，结果发现自付比例下降 1 个百分点会使住院人次和住院总天数分别增加 0.355% 和 0.357%，但对次均住院费用无显著影响。对于城居保，林等（Lin et al.，2009）使用 2007 年国务院城居保入户调查数据的研究发现，在减少医疗的经济障碍方面，城居保最显著地惠及穷人和那些曾经接受过住院治疗的居民；刘和赵（Liu and Zhao，2014）使用 2006 年和 2009 年 CHNS 数据的研究显示，城居保显著增加了包括门诊和住院服务在内的正规医疗服务利用和总医疗费用，特别是儿童、低收入家庭的成员以及相对贫困的西部地区的居民，但是没有降低自付支出；赵绍阳等（2015）利用某市城乡居民医保制度整合这一外生政策变化，考察了实际报销比例对参保者的医疗服务利用和医疗费用的影响，研究发现只有在报销比例较低时，提高医疗保障程度才会显著提高住院服务利用率，虽然提高报销比例不影响总医疗费用，但显著降低了自付支出。对于新农合，瓦格斯塔夫等（Wagstaff et al.，2009）基于调研数据的研究发现，新农合提高门诊和住院服务的利用率；雷和林（Lei and Lin，2009）使用 2000 年、2004 年和 2006 年 CHNS 数据的研究发现，新农合显著减少了传统村医的使用，增加了包括预防保健特别是一般体检的使用，但是没有增加正规医疗服务的利用；程等（Cheng et al.，2015）使用中国老年健康影响因素调查（Chinese Longitudinal Healthy Longevity Survey，CLHLS）2005 年和 2008 年数据的研究表明，参保的老年人在生病时更有可能得到充足的医疗服务。与不参保相比，虽然参加新农合改善了农村居民的医疗服务利用情况，但是这三个研究都没有发现新农合降低自付支出的证据。然而陈等（Chen et al.，2019）使用农村定点调查及其补充调查 2003~2007 年数据，重点关注新农合对不同收入群体自付支出的异质性影响，结果发现与最穷收入组相比，新农合显著降低了最富收入组的自付支出。

2.3.1.3　现有研究评述

综上所述，国内外关于受益公平的研究取得较大进展，但是很少有研究同时将健康状况、医疗支出和医保报销纳入受益公平的框架进行分析。仅周钦等（2016）使用混合横截面数据，在研究城居保住院服务医保报销金额的公平性时，还考察了健康状况和医疗服务利用情况。已有研究使用的数据大部分都是 2011 年及其之前的全国微观调查数据或者部分地区的调研数据，而中国在 2012 年宣布进入全民医保时代，现有文献缺少使用最新的具有全国代表性的微观调查数据从受益公平的视角同时研究三项基本医疗保险制度的实施效果。仅姚奕等（2017）使用 2010 年 CFPS 数据研究了三项基本医疗保险制度住院率和住院报销金额的受益公平性问题，但该文献使用的数据较早，不能用来评价"全民覆盖"背景下基本医疗保险制度的运行效果。除了研究受益公平的框架和数据的代表性外，本书还在以下方面区别于现有研究：本书使用的医疗支出和医保报销是包括门诊和住院等在内所有治疗方面的支出和报销，涵盖的信息更为丰富；本书从绝对公平和相对公平两个维度评估基本医疗保险制度的受益公平情况，评价的视角更为全面；本书除使用国际通用的集中指数和 Kakwani 指数等研究指标给出概要性结论外，还使用 Heckman 选择模型和两部模型等计量方法解决样本选择偏误问题，以得到更加准确且有效的估计。另外，目前中国正在推进城乡居民医保制度整合，如何确保整合后的制度具有受益公平性是一个重要的命题，希望本书的研究能为完善基本医疗保险制度提供一定的参考。

2.3.2 基本医疗保险制度的收入再分配效应研究综述

由于医疗服务领域的公平性是指按照支付能力进行筹资并且按照需要分配医疗服务（Wagstaff and van Doorslaer，2000），相应地，基本医疗保险制度的收入再分配效应主要体现在医保基金的筹集和给付上，本书首先从资金筹集机制、待遇补偿机制和管理体制三个方面分析基本医疗保险制度影响收入再分配的机理。考虑到医保报销的前提是使用医疗服务并发生符合规定的医疗支出，收入再分配效应与医保缴费、医疗支出和医保报销这三个环节有关，本书综述以下三类文献：一是包括医保缴费在内的卫生筹资的收入再分配效应研究；二是医疗支出的收入再分配效应研究；三是医保报销的收入再分配效应研究。

2.3.2.1 基本医疗保险制度影响收入再分配的机理分析

（1）资金筹集机制。

在资金筹集方面，基本医保基金主要来源于个人、单位和政府三类，缴费模式分为比例模式和固定金额模式两种（金双华和于洁，2016，2017）。

第一，比例缴费模式是指医保缴费和收入成比例，此时收入差距不变。城职保实行"职工个人和用人单位共同缴费"的筹资机制，属于比例缴费模式。对于个人来说，缴费比例为2%，缴费基数位于当地社会平均工资的60%～300%的闭区间范围，设个人工资为 S，当地社会平均工资为 A，则缴费基数 B 的具体情况如下：

$$B = \begin{cases} 0.6A, & \text{if } S < 0.6A \\ S, & \text{if } 0.6A \leqslant S \leqslant 3A \\ 3A, & \text{if } S > 3A \end{cases} \quad (2-1)$$

当个人工资位于社会平均工资的60%～300%的闭区间时，缴费基数为个人工资，个人缴费之后收入差距不变；当个人工资低于社会平均工资的60%时，采用最低缴费基数（0.6A），低收入群体的缴费负担较重；当个人工资高于社会平均工资的300%时，采用最高缴费基数（3A），高收入群体的缴费负担较轻。在个人缴费比例不变的情况下，最低和最高缴费基数的设置不利于公平性，并且由于个人缴费全部进入个人账户，只能起到个人生命周期内的纵向收入调节作用，不具有同代群体之间的收入再分配功能。

对于单位来说，缴费比例为6%，缴费基数有三种形式：一是职工工资总额，单位缴费和总工资水平的相关性最强，收入再分配效果最好；二是当地社会平均工资乘以职工人数，职工人数相同的单位的缴费相同，单位缴费与总工资水平无关，收入再分配效果最差；三是职工缴费工资之和，收入再分配效果居中。根据城职保规定，单位缴费部分的30%划入个人账户，如果按照个人缴费的相同比例划入，则个人缴费较多的高收入群体的划入金额更多，再分配效果较差；如果按照固定金额划入，所有收入群体的划入金额相同，再分配效果较好。

第二，固定金额缴费模式是指所有个体，无论收入水平高低，都缴纳相同的保费，与高收入群体相比，低收入群体的缴费负担更重，此时医保缴费累退，收入再分配效应为负。城居保、新农合和大部分整合后的城乡居保都实行"个人缴费和政府财政补助相结合"的筹资机制，属于固定金额缴费模式。

因此，为实现医保缴费的收入再分配效应，应建立与收入水平相关联的弹性保费调整机制，提高医保缴费的累进性，例如，基于收入设置差别缴费比例和缴费基数、动态调整医保缴费金额；增加政府财政补贴向低收入群体的倾斜力度，除国家普遍性财政补助外，还要通过特殊性财政补贴确保困难群体参保，例如，全额资助特困人员、定额资助低保对象等。

（2）待遇补偿机制。

在待遇补偿方面，影响收入再分配的机理主要包括待遇条件、补偿政策和医保结算方式。

第一，满足待遇条件是获得医保补偿的前提，参保人在定点医疗机构发生的符合基本医保药品、诊疗项目和服务设施"三个目录"范围以及急诊、抢救的医疗费用，可以按照规定进行报销。

第二，补偿政策主要是指由起付线[①]、报销比例和封顶线构成的医疗费用分担机制[②]，对于面临预算硬约束的低收入群体来说，起付线的设置限制了其获得所需的医疗服务，容易"小病拖成大病"；对于面临大额医疗费用风险的患病群体来说，封顶线的设置降低了医保受益程度，增加了发生"因病致贫、因病返贫"的概率。设总医疗费用为 M，符合报销范围的医疗费用为 $M_1(M_1 \leqslant M)$，起付线、报销比例和封顶线分别为 d、r 和 c，则实际补偿率 r^* 的计算公式如下：

$$r^* = \begin{cases} 0, & \text{if } M_1 \leqslant d \\ (M_1 - d)r/M, & \text{if } d < M_1 \leqslant c \\ (c - d)r/M, & \text{if } M_1 > c \end{cases} \qquad (2-2)$$

可以发现，起付线、封顶线和报销范围的共同作用使得实际补偿率小于

---

① 起付线是指医保基金的起付标准，参保人在定点医疗机构实际发生的"三个目录"内的医疗费用，自己要先承担起付标准以下的费用，起付标准以上的部分再由医保基金按规定、按比例报销。

② 医疗费用分担机制用于降低参保患者的道德风险。道德风险是指由于医保报销相当于降低了医疗服务价格，患者存在过度利用医疗服务的动机，进而引发医疗费用的不合理增加。

报销比例，这将削弱基本医疗保险制度的收入再分配效果。

第三，医保结算方式包括即时结算和先垫付后报销两种，前者是指参保人只需支付医保不能报销部分的费用，后者是指参保人需要先垫付全额医疗费用，待就医结束后按照规定办理医疗费用报销。设个体的收入水平为 X，无借贷约束时参保人的最优医疗消费为 M^*，此时需要"净"支付的医疗费用为 $(1-r^*)M^*$，则当有借贷约束时，参保人的实际医疗消费 C 的情况如下：

$$C = \begin{cases} C_1 < C_2, & \text{if } X < (1-r^*)M^* \\ C_2 < M^*, & \text{if } (1-r^*)M^* \leq X < M^* \,\&\, \text{先垫付后报销} \\ M^*, & \text{if } (1-r^*)M^* \leq X < M^* \,\&\, \text{即时结算} \\ M^*, & \text{if } M^* \leq X \end{cases} \qquad (2-3)$$

可以看出，对于收入位于 $[(1-r^*)M^*, M^*)$ 区间的参保人来说，在即时结算方式下，其实际医疗消费等于最优医疗消费，但在先垫付后报销方式下，受支付能力限制，其实际医疗消费小于最优医疗消费。

因此，为实现待遇补偿的收入再分配效应，应根据实际情况动态调整"三个目录"，适当降低获得医保待遇的条件；针对困难群体，可采取调低起付线、调高封顶线和差别报销比例的措施提高医保待遇的实际补偿率；加强医保信息化建设，逐步取消先垫付后报销的结算方式，全面推行医保报销即时结算方式。

（3）管理体制。

在管理体制方面，影响收入再分配的机理主要涉及体系设置和统筹层次两个方面。

第一，体系设置包括单一制度和多项制度两种。单一制度是指所有个体参加统一的基本医疗保险制度，享受相同的医保待遇政策，收入再分配效果较好；多项制度是指基本医疗保险制度由多个项目构成，衡量整个基本医疗保险制度的收入再分配效果需要综合考虑各个项目之间医保待遇的差距问题，如果差距较大，则会削弱整个基本医疗保险制度的收入再分配效果。

第二，从统筹层次上看，提高统筹层次可以增强风险分担能力、降低管理成本，进而提高收入再分配效果。

因此，为实现管理体制的收入再分配效应，应通过基本医疗保险制度整合缩小不同项目之间的医保待遇差距，同时提高医保基金的统筹层次。

2.3.2.2 卫生筹资的收入再分配效应研究

国外学者更多研究整个卫生筹资体系的累进性和收入分配效应，卫生筹资体系是指卫生服务资金筹集的所有渠道，包括税收、社会医疗保险、商业医疗保险和个人自付支出。瓦格斯塔夫和范·多尔斯勒（Wagstaff and van Doorslaer，1992）、瓦格斯塔夫等（Wagstaff et al.，1999）、奥唐纳等（O'Donnell et al.，2008）分别使用 Kakwani 指数、Suits 指数和集中指数等指标比较了 10 个经济合作与发展组织国家、13 个经济合作与发展组织国家和 13 个亚洲国家或地区卫生筹资体系的累进性，得出以下结论：对筹资系统全民覆盖的高收入国家来说，税收最具累进性，社会保险略微累退，私人保险更加累退，自付支出成比例或累退；对部分覆盖的中低收入国家来说，税收更加累进，社会保险累进，除中国和吉尔吉斯斯坦外，自付支出累进，并且穷人不仅支付更少，使用的医疗服务也更少，受支付能力所限，其医保覆盖率较低。根据阿伦森等（Aronson et al.，1994），卫生筹资体系对收入再分配的影响取决于四个因素：卫生筹资体系的累进性、卫生筹资的收入占比、相同收入的个体被不平等对待的程度（水平不公平）和筹资前后收入分布的再排序。基于这一思路，范·多尔斯勒等（van Doorslaer et al.，1999）对 12 个经济合作与发展组织国家的比较研究发现，累进性比水平不公平和再排序更能决定卫生筹资体系的收入再分配效应，但是在不同筹资来源中三者的相对重要性不同。

目前有关中国卫生筹资公平的研究比较丰富，但由于研究视角、方法和数据等的差异，不同研究得出的结论不同。魏众和 B. 古斯塔夫森（2005）使用 2002 年城乡居民家庭调查数据的研究认为，医疗支出（包括医疗补贴和自付支出）具有累退倾向，并且这种不公平主要来源于城乡和区域差异。吕文洁（2009）基于 1995～2006 年城镇家庭收支调查数据单独测算了医疗保健支出的累进性，结果发现自建立城职保以来，自付支出的累退程度不断增加，原因在于医保覆盖不全和分布不均。还有部分研究得出社会医疗保险累进的结论。万泉等（2009）使用的数据来自 2003 年甘肃省、黑龙江省、陕西省、浙江省和天津市家庭卫生服务调查，在计算地区累进性时没有区分城市和农村，并且医保只覆盖部分人群，累进是必然结果。张毓辉（2013）则是利用2008年天津市、黑龙江省和甘肃省的数据分别代表东、中、西部地区，其研究认为累进性源于不同地域和身份居民享有医保类型和保障水平的差异，这实际上是一种更深层次的不公平。为了得到累进性的准确估计，应区分不同的基本医保类型。张丽芳等（2013）基于2011年社区卫生综合改革8个典型城市的家庭健康询问调查数据，比较了税收、社会保险、商业保险和自付支出这4种筹资渠道的累进性，研究发现直接税、城职保和商业保险累进，间接税和城居保累退，而自付支出在东部地区累退，在中、西部地区累进。关于中国卫生筹资体系的收入再分配效应，解垩（2010）使用2006年CHNS数据，分城市和农村检验了四种筹资渠道和全部卫生支出的再分配效应，结果表明除税收外，其他筹资渠道的再分配效应都为负，整个卫生筹资体系的再分配明显偏向于富人，并且农村"亲富人"的程度高于城市。基于同样的思路，曹阳等（2015）使用2011年CHNS数据的研究结论略有差异：商业保险在农村的再分配效应为正，全部卫生支出的再分配效应为正，并且得益于税收的强累进性，全部卫生支出累进。张艳春等（2013）使用2011年社区卫生综合改革8个典型城市的家庭健康询问调查数据的研究认为，不同筹资渠道在不同地区的再分配效应不同：税收的再分配效应为负；社会医疗保险在东部的再分配效应为正，在中、西部地区为负，其中城职保在东、西部地区缩小了收入差距，而城居保的再分配效应为负；自付支出的再分配效应为负。也有部分文献研究了政府卫生支出的受益归宿。李永友和郑春荣（2016）、李永友（2017）基于CFPS数据，分别使用保险价值法和补偿变化法估计了住院和门诊服务的受益分布，结果发现虽然低收入群体受益更多，但是严重偏向低收入群体的卫生筹资弱化了公共卫生支出的收入再分配效应。

具体到医保缴费的收入再分配效应，解垩（2010）使用2006年CHNS数据的研究发现，城职保缴费的收入再分配效应为 -0.0131，新农合缴费的收入再分配效应为 -0.0004，因此无论城市还是农村医保缴费都扩大了收入差距；从收入再分配效应的分解上看，城职保缴费的 Kakwani 指数为 -0.1616，新农合缴费的 Kakwani 指数为 -0.5542，可见农村医保缴费的累退程度显著高于城市。柴培培和赵郁馨（2012）利用天津市第四次国家卫生服务调查和

2008 年卫生总费用数据的研究表明,从总体上看,基本医疗保险缴费的收入再分配效应为正,具体到三项基本医疗保险制度,城职保缴费缩小了收入差距,而城居保和新农合的缴费都扩大了收入差距,原因在于城职保缴费具有累进性,而城居保和新农合缴费具有累退性。曹阳等(2015)使用 2011 年 CHNS 数据进一步分析了包括城职保和城居保在内的城镇和以新农合为代表的农村医保缴费的收入再分配效应,并且得出与解垩(2010)类似的结论,城镇和农村医保缴费的收入再分配效应均为负,并且农村的累退程度更大。李亚青(2014)基于广东省两个城市的医保数据库资料的研究发现,城职保缴费的收入再分配效应在两个城市正好相反,原因在于两个城市医保缴费政策的差异,医保缴费缩小收入差距的城市,除了单位和个人共同缴费外,地方财政还为参保个体提供差异化的补贴。金双华和于洁(2016,2017)、丁少群和苏瑞珍(2019)分别以 2013 年辽宁省城镇居民,2013 年、2014 年陕西省城乡居民,2013 年、2017 年山西省农村居民为对象的研究都发现,医保缴费的收入再分配效应为负,并且在陕西省农村医保缴费的逆向调节作用比城市更为明显。

2.3.2.3 医疗支出的收入再分配效应研究

目前单独分析医疗支出的收入再分配效应的研究比较少,现有文献都将这部分内容与医保报销结合起来进行分析。李亚青(2014)基于广东省两个城市城职保数据的研究表明,无论是相对于初始收入还是医保缴费后收入,医疗支出之后基尼系数都明显增加,医疗支出扩大了收入差距。王翌秋和徐登涛(2019)使用 CHARLS 数据对农村居民的研究发现,与医疗支出之前相比,2011 年、2013 年和 2015 年医疗支出之后基尼系数分别增加 0.1490、0.1165 和 0.1149,收入差距扩大。

2.3.2.4 医保报销的收入再分配效应研究

刘娜和吴翼(2018)使用 2000~2011 年五期 CHNS 混合截面数据,从家庭层面考察了医疗保险制度改革的收入分配效应,研究发现家庭成员参加政府主导的医保制度对其家庭总收入具有显著的正向影响,其中公费医疗、城职保和城居保的影响程度依次降低,但新农合对家庭总收入没有显著影响,该研究还发现医保的收入转移效应主要集中在低收入家庭，并且对农村家庭的影响高于城镇家庭。具体到某一项基本医疗保险制度，李亚青（2014）基于广东省两个城市数据的研究显示，城职保的医保报销扩大了初始收入差距，并且这一逆向调节作用比医保缴费更加突出，但是医保报销部分缩小了医疗支出扩大的收入差距；黄薇（2017）基于2007～2011年国务院城居保入户调查数据，使用 Heckman 模型评估了城居保的扶贫效果，结果发现参加城居保显著提高了家庭人均收入，并且这种影响在不同收入阶层之间具有异质性，高收入阶层的扶贫增收效果更好；另外，有研究认为新农合没有实现缓解"因病致贫"的理论预期结果（贺晓娟等，2012），其缩小收入差距的效果并不明显（徐强和叶浣儿，2016）。

也有部分研究比较分析了地区和城乡之间基本医疗保险制度对收入差距的影响。初可佳（2015）使用2001～2012年省际数据，基于固定效应模型的回归结果显示，基本医疗保险制度的发展（基本医疗保险的覆盖率、基本医疗保险基金收入或支出占 GDP 的比重）对城乡收入分配起到逆向调节作用，并且东部地区最大，中部地区次之，西部地区不显著。在此基础上，周坚（2019）使用2001～2016年省际面板数据，进一步研究了基本医疗保险制度及其子项目对城乡收入差距的影响，结果表明，以"基本医疗保险基金支出占 GDP 的比重"衡量的医保待遇在东部地区具有显著的"劫富济贫"特征，但在中部地区和西部地区没有起到收入再分配的作用，具体到三项基本医疗保险制度，城职保在全国和东部地区扩大了城乡收入差距，新农合在全国缩小了城乡收入差距，而城居保没有收入再分配功能。受数据所限，金双华和于洁（2016）在结果公平的视角下假设辽宁省所有城镇居民获得相同的医保报销，研究发现医保报销具有正的收入再分配效应。但金双华和于洁（2017）、丁少群和苏瑞珍（2019）分别使用陕西省城乡居民和山西省农村居民实际获得的医保报销数据的研究却得出医保报销没有缩小收入差距的结论。

2.3.2.5 现有研究评述

综上所述，现有文献对基本医疗保险制度的收入再分配效应进行了丰富的研究，基于医保缴费、医疗支出和医保报销中的某个或某些环节，上述研究从城乡、区域或某一地区等视角比较整个基本医疗保险制度体系或者单独分析某项基本医疗保险制度，具有一定的代表性和现实意义，但是很少有研究同时将医保缴费、医疗支出和医保报销这三个环节纳入收入再分配的框架进行分析。仅李亚青（2014）在计算城职保基金补偿的收入再分配效应时也考察了补偿对医疗支出后收入状况的中间影响，但该文献的分析重点仍是筹资和补偿两个环节对初始收入状况的最终影响。另外只有在卫生筹资的收入再分配效应研究中，涉及医保缴费环节收入再分配效应的分解研究，目前缺少对医疗支出和医保报销环节收入再分配效应的分解研究，并且几乎没有研究对整个基本医疗保险制度体系运行过程的收入再分配效应进行分解，深入探讨平均税率和累进性指标等因素对收入再分配效应的影响。因此，本书从国家和省级两个层面系统研究中国基本医疗保险制度的收入再分配效应。其中，在国家层面以参保个体为研究对象，聚焦于医保受益对收入差距的影响，直接考察不同基本医疗保险制度医疗支出和医保报销环节收入再分配的最终效应，并将其分解为垂直效应、水平不公平效应和再排序效应；在省级层面以家庭为单位，分城镇和农村两个样本，详细考察医保缴费、医疗支出和医保报销这三个环节收入再分配的中间效应和最终效应，并将中间效应分解为平均税率和 Kakwani 指数，进而全面分析影响收入再分配效应的因素及其影响程度。

2.4 本章小结

本章首先界定了本书的三个核心概念——基本医疗保险制度、受益公平和收入再分配效应，其中，受益公平和收入再分配效应辩证统一于公平正义这一基本医疗保险制度的核心价值理念之中，无论是从理论基础上看，还是从公共政策上看，将二者结合起来纳入同一分析框架，都具有合理性和必要性，可以更为全面、更为系统地评估中国基本医疗保险制度的实施效果。然后本章从信息不对称理论和公共产品理论两个方面说明了政府干预基本医疗保险制度的合理性，可以解决医疗保险市场失灵问题，扩大基本医疗保险制度的受益范围，进而提高整个社会的福利水平。最后本章详细梳理和评述了与基本医疗保险制度的受益公平和收入再分配效应相关的两类文献。

在受益公平方面，由于中国基本医疗保险制度已经实现了"全民覆盖"，全体居民健康权和医疗权的起点公平基本得到保证，与研究有无基本医疗保险覆盖对医疗服务需求和医疗支出情况的影响相比，当前更应该关注的是参加基本医疗保险制度之后的过程公平和结果公平，即以医疗服务利用和医保报销衡量的医保受益情况。在衡量指标上，现有文献大多数使用一定时期内的医疗支出或者就医情况来衡量医疗服务利用，例如，过去四周的医疗费用、是否门诊或住院、就诊次数、住院次数或天数等，考虑到疾病的季节性因素，不同衡量指标涵盖的信息量不同，得到的研究结论也不同，并且需要将医疗服务利用和医保报销同时纳入受益公平的分析框架，使用包括门诊、住院和自我治疗等在内所有治疗方面的医疗支出和医保报销的年度数据，能从总体上反映与疾病治疗相关的医疗资源和医疗保险资源利用的信息，更具有代表性。在研究方法上，大部分文献使用集中指数及其分解方法，还有少部分文献使用 Tobit 模型和两部模型等计量方法，由于集中指数度量的绝对公平在现实中很难实现，在评估医保受益的公平性时还需要考虑相对公平的情况，考虑到医疗支出和医保报销数据中的"零值"带来的样本选择偏误问题，应该根据似然比检验结果使用 Heckman 选择模型或两部模型进行估计。

在收入再分配效应方面，资金筹集机制、待遇补偿机制和管理体制三个方面是基本医疗保险制度的收入再分配机理，根据基本医疗保险制度的运行过程，收入再分配效应与医保缴费、医疗支出和医保报销这三个环节密切相关，但是目前缺少同时将这三个环节纳入收入再分配的框架进行分析的研究。在研究内容和结论上，现有文献对医保缴费环节收入再分配效应及其分解的研究主要体现在整个卫生筹资体系的收入再分配效应研究中，但是使用不同数据得到的结论并不一致；少量研究医疗支出环节收入再分配效应的文献都与医保报销结合起来进行分析，研究都发现医疗支出扩大了收入差距；大部分研究都认为与不参保相比，参加基本医疗保险制度显著提高了家庭收入水平，但是参保之后医保报销环节的收入再分配效应具有地区和制度上的异质性。在研究方法上，大部分研究都使用 MT 指数度量收入再分配效应，但是缺少通过分解方法深入分析影响收入再分配效应的因素及其影响程度的研究。

第3章
基本医疗保险制度的受益公平分析

由于参保者只有在患病或健康较差时才需要使用医疗服务，并且只有符合规定的医疗支出部分才能获得医保报销，本章关心的是，在中国基本医疗保险制度已经实现"全民覆盖"的背景下，制度间不同的基本医保类型和制度内不同的收入群体之间以医疗支出和医保报销衡量的真实的受益公平情况。因此，本章以基本医疗保险制度参保者为研究对象，使用具有全国和省级代表性的大样本微观调查数据——中国家庭金融调查2013年数据，将健康状况、医疗支出和医保报销同时纳入受益公平的研究框架，首先描述分析中国基本医疗保险制度的受益归宿情况，然后在控制年龄、性别、婚姻状态、教育年限等其他因素的条件下，实证检验中国基本医疗保险制度的受益公平情况。根据中国基本医疗保险制度及其构成，本章依次对全样本、城职保、城居保和新农合进行受益公平分析，研究思路如下：首先，使用集中指数、Kakwani 指数和占优检验给出初始收入、健康较差、身体不适、医疗支出、医保报销和自付支出在受益分布上的初步分析结果；其次，使用 Probit 模型计量分析不同收入群体以"健康较差"和"身体不适"两个指标衡量的健康状况的差异；再次，使用 Heckman 选择模型计量分析不同收入群体的医疗支出情况的差异；最后，使用两部模型或 Heckman 选择模型在发生医疗支出的群体中计量分析不同收入群体的医保报销情况的差异。

3.1 研究方法和模型构建

本章首先使用集中指数、Kakwani 指数和占优检验来分析中国基本医疗保险制度的受益归宿情况，由于集中指数等统计分析工具相当于给定所有个体有相同的合理因素（如医疗需要），测度的是由全部不合理因素造成的实质不公平（马超等，2018），为了更加准确地评估中国基本医疗保险制度的受益公平情况，还需要考虑年龄、性别、健康等合理的需要因素的影响。因此，本章在受益归宿分析的基础上，还进行了计量检验，即在控制其他因素的条件下，全面分析中国基本医疗保险制度不同收入群体的健康状况、医疗支出情况和医保报销情况的差异。

为了有效衡量不同收入群体医疗需要的差异，本书采用两个健康指标：一是与同龄人相比，身体状况不好，即主观自评的健康较差[①]；二是过去一年内因为身体原因而无法正常工作或生活，即客观衡量的身体不适。这两个健康指标都是二值虚拟变量，因此，本书使用 Probit 模型进行估计。

医疗支出和医保报销是本书分析的核心变量，这两个变量都有一部分是"零值"，其余是"正值"。考虑到这两个变量的分布都严重右偏，在计量模型中本书使用医疗支出和医保报销的对数形式，其中"零值"取对数之后显示为缺失值。由于这种删失的样本不能代表总体，使用普通最小二乘法（OLS）进行估计，会出现样本选择偏误：参数估计不一致，并且不能进行统计推断（Jones，2007；A. 科林·卡梅伦和普拉温·K. 特里维迪，2015）。

由于 CHFS 没有询问个体与医疗支出相关的患病情况和就医个体医保报销的适用性情况，医疗支出的"零值"包括无须就医和应就医而未就医两种情况，前者是指个体身体健康无须就医，后者是指由于医疗服务价格高或就医不便等因素，个体患病后应该就医但自我选择不就医；医保报销的"零

---

① 自评健康指标的优点是具有较好的信度（齐亚强，2014），也具有很强的效度，它能较好衡量被访者的综合健康信息，既反映了个体自我感知的各种健康状态和风险（包括已确诊和未确诊两种情况），又代表了个体对当前疾病严重程度的综合判断（Idler and Benyamini，1997），因此，本书认为自评健康较差变量可以衡量个体的健康状况。

值"包括不能报销和应报销而未报销两种情况，前者是指由于医保起付线等外生制度因素，医疗支出不符合医保报销规定，后者是指受支付能力限制，患病个体在痊愈前选择中断治疗，因医疗服务利用不足而丧失了医保报销的机会，或者虽然医疗支出符合医保报销规定，但由于报销手续麻烦等因素，个体自我选择不报销。对于那些由于自我选择行为带来的"零值"医疗支出和医保报销，由于没有办法知道其本该真实发生的医疗支出和医保报销，识别问题产生不能识别总体结果的期望值，即无法识别总体回归函数（Jones，2007）。

赵忠（2005）指出，医疗服务经验研究的困难不在于构建经济学模型而在于正确估计模型，样本选择偏误是主要问题之一，需要采用计量方法加以处理。针对样本选择偏误，最流行的医疗支出建模方法有 Tobit 模型、两部模型和 Heckman 选择模型（O'Donnell et al.，2008），表 3 - 1 比较了这三种方法的假设和优缺点等特征。由于 Tobit 模型的假设太强，现实中的医疗支出决策很难满足其条件，本书主要使用 Heckman 选择模型和两部模型来解决样本选择偏误问题，二者如何选择则是基于是否存在内生性样本选择（自我选择）问题的判断：根据 Heckman 选择模型的估计结果，如果两步估计法的逆米尔斯比率（lamda）的系数显著不为 0，或者极大似然估计方法（MLE）的似然比检验拒绝原假设（$H_0: \rho = 0$），则存在内生性样本选择问题，使用 Heckman 选择模型估计是恰当的；否则，就使用两部模型。

表 3 - 1 　　　　　Tobit 模型、两部模型和 Heckman 选择模型的比较

项目	Tobit 模型	两部模型	Heckman 选择模型
假设	误差项满足正态性和同方差性；零值和正值由同一个决策过程产生	零值和正值由两个独立的决策过程产生：第一部分是设定了一个删失机制的选择模型，第二部分是以观测结果为条件的结果模型	产生零值和正值的两个决策过程相互依赖：设定一个关于删失机制和结果的联合分布，然后找到以可观测结果为条件的隐含条件分布。为更稳健地识别，通常都会施加排除性约束，即选择方程中有一个被排除在结果方程之外的自变量[a]

续表

项目	Tobit 模型	两部模型	Heckman 选择模型
回归系数	针对不可观测的总体真实值 Y^*，而非现在的观测值 Y	针对现在的观测值 Y	针对不可观测的总体真实值 Y^*
优点	相比于 OLS，Tobit 模型可提供 X 的有意义的边际效应解；对 Y 的预测可提供与实际相符的条件期望值	灵活性：模型的两个部分可以有不同的自变量，同一自变量在模型的两个部分中可以有不同的影响；计算的简便性：模型的两个部分相互独立，分开进行估计	假定两个方程的误差项相关，解决了估计效率问题；主要用于解决内生性样本选择（自我选择）问题
缺点	假设太强：正态性和同方差性假设的失效会对回归造成严重后果；要求个体在决策前有完全信息以选择出最大化其福利的医疗支出水平；零值和正值可能是不同机制产生的	虽然估计一致性不要求正态性和同方差性，但是信息损失严重，估计效率受损；如果模型的两个部分遗漏了共同变量，那么会出现不可观测因素之间的相关性；如果在控制自变量之后，那些正值的样本并不能随机地从总体中挑选出来，那么两个部分之间可能会有依赖	虽然更普遍，但是识别的代价是对数据的要求更高：排除性约束应该对选择概率有重大影响；由于通常很难找到一个不直接影响结果但却会影响选择的被排除自变量，在施加排除性约束时需有充分的理由
比较	Tobit 模型和两部模型通过假设避免了"识别对数据要求更高"的问题。但是很难对任何一种医疗支出模型提出先验理由。Tobit 模型同一个决策过程的假设最值得怀疑。在两部模型和 Heckman 选择模型之间进行选择时，有必要考虑分析的目的（预测或参数估计）、选择偏误的可能程度以及可用的识别信息；如果目标只是预测条件均值（观测值）而非参数推断，两部模型是合适的；如果目标是分析潜在（总体）回归模型，或者预测在没有选择情况下会被观测到的因变量取值（真实值），Heckman 选择模型是更合适的		

注：上标 a 代表如果选择方程和结果方程使用同一组自变量，那么模型的识别仅建立在函数形式是非线性的基础上，但是在实践中依赖于函数形式的识别是有问题的。例如，如果选择方程中 Probit 模型的非线性关系较弱，那么模型就不好识别。因此，在实证分析中通常的做法是寻找排除性约束（A. 科林·卡梅伦和普拉温·K. 特里维迪，2015）。

资料来源：A. 科林·卡梅伦和普拉温·K. 特里维迪（2015），第 449～452、455 页；王存同（2017），第 236、238、243、245、251 页；奥唐纳等（O'Donnell et al.，2008），第 137～139 页。

3.1.1 集中指数、Kakwani 指数和占优检验

本书使用集中指数度量绝对公平，使用 Kakwani 指数度量相对公平，并且在图形直观显示集中曲线与平等线和初始收入的洛伦兹曲线之间位置关系的基础上，本书还参照奥唐纳等（O'Donnell et al.，2007）的做法，使用占优检验判断关注变量的分布是否显著偏离均等分布（平等线）和初始收入分

布（洛伦兹曲线），即关注变量是否集中于低收入群体，是否降低了初始收入差距，同时本书还汇报了初始收入的洛伦兹曲线和关注变量的集中曲线在不同基本医疗保险制度之间的占优检验结果。在显著性的判别上，本书主要采用多重比较方法（Bishop et al.，1992），但也汇报了更严格的交叉结合原则（Sahn et al.，2000）的结果。

需要注意的是，由于集中指数反映的是关注变量数值本身的分布情况，Kakwani 指数反映的是关注变量分布相对于初始收入分布的均衡程度，二者的评价结果可能并不一致，但这种不一致是合理的。一般来说，集中曲线与平等线和初始收入的洛伦兹曲线之间的位置关系，可以直观反映关注变量是否存在绝对公平和相对公平，但是如果曲线之间存在相交特别是多次相交，或者想要得到曲线之间位置关系的统计显著性，就需要借助占优检验的判断，如果想要得到绝对公平和相对公平的程度，就需要参考集中指数和Kakwani 指数的大小。关于集中指数、Kakwani 指数和占优检验的详细说明，如表 3 - 2 所示。

表 3 - 2　　　　　　　对集中指数、Kakwani 指数和占优检验的说明

项目	集中指数	Kakwani 指数
定义	集中曲线和平等线之间面积的 2 倍 其中，集中曲线是指由按社会经济地位变量（如消费、收入或财富，本书使用收入）排序的人口累计比（横轴）和其对应的关注变量累计比（纵轴）的点连成的曲线；平等线是指45°线；洛伦兹曲线是指由按收入水平排序的人口累计比（横轴）和其对应的收入累计比（纵轴）的点连成的曲线	集中曲线和初始收入的洛伦兹曲线之间面积的 2 倍
范围	［-1，1］	［-2，1］
解读	当集中指数大（小）于 0 时，集中曲线位于平等线下（上）方，说明关注变量集中于高（低）收入群体；当集中指数等于 0 时，集中曲线与平等线重合，说明关注变量在人群中均等分布	Kakwani 指数最初用于税收累进性的研究。当 Kakwani 指数大（小）于 0 时，集中曲线位于洛伦兹曲线下（上）方，高（低）收入群体关注变量的占比高于其收入占比；当 Kakwani 指数等于 0 时，集中曲线与洛伦兹曲线重合，说明关注变量是等比例的
衡量	绝对公平	相对公平

续表

项目		集中指数	Kakwani 指数
举例		集中指数小于 0 时，集中曲线位于平等线上方，关注变量集中于低收入群体：对健康较差、身体不适等"坏指标"来说，低收入群体的健康状况更差，健康分布绝对不公平；对于医保报销等"好指标"来说，低收入群体的医保报销更多，医保报销分布绝对公平	Kakwani 指数大于 0 时，集中曲线位于洛伦兹曲线下方，高收入群体关注变量的占比高于其收入占比：对医疗支出等类似"税收"的变量来说，具有累进性，即医疗支出缩小了初始收入差距，相对公平；对医保报销等类似"负税收"的变量来说，具有累退性，即医保报销没有缩小初始收入差距，相对不公平
区别		集中指数反映关注变量数值本身的分布情况，Kakwani 指数反映关注变量分布相对于收入分布的均衡程度，二者的评价结果可能并不一致：例如，当关注变量的集中曲线位于平等线和洛伦兹曲线之间时，对医保报销来说，集中指数大于 0，低收入群体的医保报销更少，绝对不公平，但是 Kakwaini 指数小于 0，低收入群体的医保报销占比高于其收入占比，说明医保报销缩小了初始收入差距，相对公平	
说明		通过观察集中曲线与平等线和洛伦兹曲线之间的位置关系，可以直观判断关注变量是否存在绝对公平和相对公平，但是如果曲线之间存在相交特别是多次相交，或者想要得到曲线之间位置关系的统计显著性，就需要借助占优检验的判断，如果想要得到绝对公平和相对公平的程度，就需要参考集中指数和 Kakwani 指数的大小	
占优检验	类别	平等线	洛伦兹曲线
	说明	占优检验用于判断曲线之间位置关系的统计显著性：如果一条曲线位于另一条曲线上方，就说第一条曲线占优第二条曲线。在显著性的判断上，对于多重比较方法（Bishop et al.，1992），从 0.05～0.95 的 19 个等距分位数点上：如果曲线之间在一个方向上至少有一个显著差异，而在另一个方向上没有显著差异，则拒绝曲线无差异的原假设，支持占优的存在；如果曲线之间在每个方向上都至少有一个显著差异，则拒绝原假设，支持相交的存在；如果曲线之间在两个方向上都不存在显著差异，则不能拒绝曲线无差异的原假设。更严格的交叉结合原则（Sahn et al.，2000）要求在比较的所有点上判断统计显著性。达达诺尼和福尔奇纳（Dardanoni and Forcina，1999）提供的蒙特卡洛证据表明，虽然交叉结合原则将错误拒绝非占优的概率降低到一个可忽略的值，但与多重比较方法相比，它大大降低了在真实情况下发现占优的能力。在描述性分析中本书列出了两种显著性判别结果	

资料来源：笔者自行整理。其中，集中指数和集中曲线的定义参考卡克瓦尼等（Kakwani et al.，1997）和瓦格斯塔夫等（Wagstaff et al.，1991）；Kakwani 指数的定义参考卡克瓦尼（Kakwani，1977）。

3.1.2 Probit 模型

本书使用 Probit 模型分析不同收入群体以"健康较差"和"身体不适"两个指标衡量的健康状况，估计方程分别如下：

$$\Pr(healthpoor_i = 1) = \Phi(\theta_0 + \sum_{j=1}^{4} \theta_j \times income_{ij} + W_i \times \tau + \varepsilon_i)$$

$$(3-1)$$

$$\Pr(bodyill_i = 1) = \Phi(\theta_0 + \sum_{j=1}^{4} \theta_j \times income_{ij} + W_i \times \tau + \varphi_i) \quad (3-2)$$

其中，$\Phi(\cdot)$ 是标准正态累积分布函数，ε_i，$\varphi_i \sim N(0,1)$，$healthpoor_i$ 表示健康较差的虚拟变量，$bodyill_i$ 表示身体不适的虚拟变量，$income_{ij}$ 表示个体 i 属于第 j 个等份组，$j=1$，2，3，4，第 5 个等份组作为基准组不进入回归方程，W_i 代表影响健康的控制变量集，包括年龄、是否为男性、是否有配偶、教育年限、是否有工作、是否为户主、是否为农业户口、是否为东部地区、是否为中部地区、是否与人同住等变量，全样本中还包括是否为城居保、是否为新农合两个基本医保类型虚拟变量，城职保作为基准组不进入回归方程。

由于 Probit 模型的估计系数没有意义[①]，本书在回归结果中汇报的是平均边际效应（average marginal effect），即分别计算在每个样本观测值上的边际效应，然后进行简单算术平均。为了解决潜在的异方差带来的估计偏误问题，Probit 模型在回归中使用稳健标准误。

3.1.3 Heckman 选择模型

在研究基本医疗保险制度受益公平时，本书首先估计以医疗支出衡量的医疗服务利用（Grossman，1972）的公平性，然后估计医保报销的公平性。所有群体中有29%（10383 个）样本的医疗支出为0[②]，发生医疗支出的群体中有54%（13448 个）样本的医保报销为0[③]。如果删除这些"零值"样本，使用 OLS 进行估计，则会导致样本选择偏误；即使保留这些"零值"样本，但不区分是否发生医疗支出和医疗支出多少、是否发生医保报销和医保报销

[①] 只能根据估计系数的符号给出自变量的定性效应，即因变量的概率是增加还是降低，而不能根据估计系数的大小给出自变量的定量效应，即因变量的概率增加或者降低的具体数值。

[②] 其中城职保有24%（2815 个），城居保有33%（1343 个），新农合有32%（6225 个）。

[③] 其中城职保有35%（3122 个），城居保有62%（1719 个），新农合有65%（8607 个）。

多少的差异，同样会导致估计偏误。由于没有个体与医疗支出相关的患病信息和就医个体医保报销的适用性信息，为预测真实的医疗支出和医保报销，实证中通常采用赫克曼（Heckman，1979）提出的选择模型来校正由于自我选择行为（应就医而未就医、应报销而未报销）带来的样本选择偏误问题。

以医疗支出为例，Heckman 选择模型包括选择方程和结果方程两个方程。

第一个是选择方程，使用 Probit 模型估计是否发生医疗支出：

$$\Pr(me_i = 1) = \Phi\left(\alpha_0 + \sum_{j=1}^{4} \alpha_j \times income_{ij} + X_i \times \gamma + \mu_i\right) \quad (3-3)$$

其中，$\Phi(\cdot)$ 是标准正态累积分布函数，me_i 表示是否发生医疗支出的虚拟变量，X_i 代表一系列控制变量，包括健康较差、身体不适、年龄、是否为男性、是否有配偶、教育年限、是否有工作、是否为户主、是否为农业户口、是否为东部地区、是否为中部地区、是否与人同住等变量，全样本中还包括是否为城居保、是否为新农合两个基本医保类型虚拟变量，城职保作为基准组不进入回归方程。为提高模型估计的有效性，本书参照黄枫和甘犁（2010）、刘国恩等（2011）的做法，使用反映医疗服务可及性的与人同住变量作为排除性约束：与独居相比，与人同住的个体在患病时更容易得到及时照顾，外出就医也更加便利，就医的可能性更大，进而影响医保报销的可能性，但不会显著影响医疗支出和医保报销的具体金额。余央央和封进（2018）的研究表明，家庭照料有可能通过减少就医障碍与医疗服务利用（使用门诊或者住院的比例）呈互补性，并且这种互补效应随着老年人年龄的增加而增大。因此，与人同住变量只出现在选择方程中，不出现在结果方程中。

第二个是结果方程，当 $me_i = 1$，即医疗支出大于 0 时，使用 OLS 估计医疗支出（对数）：

$$\log(medicalcost_i / me_i = 1) = \beta_0 + \sum_{j=1}^{4} \beta_j \times income_{ij} + Z_i \times \eta + v_i$$

$$(3-4)$$

其中，μ_i 和 v_i 服从二维正态分布，即 $(\mu_i, v_i) \sim N(0, 0, 1, \sigma_v^2, \rho_{\mu v})$，并且 μ_i 和 v_i 的相关系数 $\mathrm{Corr}(\mu_i, v_i) = \rho_{\mu v} \neq 0$，即是否发生医疗支出和医疗支出

多少是相关的。$medicalcost_i$ 表示医疗支出金额，Z_i 代表影响医疗支出的控制变量集，除与人同住变量外，集中的变量与 X_i 相同。结果方程（3 - 4）估计的是无条件的医疗支出，即假设患病的个体都应该发生医疗支出，医疗支出为 0 是个体自我选择的结果。为了解决潜在的异方差带来的估计偏误问题，Heckman 选择模型在回归中使用稳健标准误。

本书采用极大似然估计方法（MLE）来估计 Heckman 选择模型，与两步估计法（Heckit）[①] 相比，MLE 更有效率（陈强，2014；王存同，2017），并且可用于识别是否存在内生性样本选择问题。如果似然比检验拒绝原假设（$H_0 : \rho = 0$），则说明存在内生性样本选择问题，使用 Heckman 选择模型估计是恰当的；如果似然比检验不能拒绝原假设，则说明是否发生医疗支出和医疗支出多少相互独立，应该使用杜安等（Duan et al.，1983）提出的两部模型进行估计。

3.1.4 两部模型

两部模型通常假设两个部分（是否发生医疗支出和医疗支出多少；是否发生医保报销和医保报销多少）是相互独立的，因此可以分别进行估计。第一部分的 Probit 模型使用全样本数据（是否发生医保报销的全样本是指发生医疗支出的群体）进行估计，第二部分的 OLS 使用参与者组成的子样本（发生医疗支出的群体；发生医疗支出且发生医保报销的群体）进行估计。两部模型的灵活性在于：这两个部分使用的自变量可以完全相同，也可以不同。因为两部模型允许因变量是"零值"还是"正值"有不同的决定机制。因此，与 Heckman 选择模型类似，两部模型也使用与人同住变量作为排除性约束，与人同住变量只出现在第一部分方程中，不出现在第二部分方程中。

以医保报销为例，第一部分使用 Probit 模型估计发生医疗支出的群体是否发生医保报销，估计方程如下：

$$\Pr(re_i = 1) = \Phi(\alpha_0 + \sum_{j=1}^{4} \alpha_j \times income_{ij} + X_i \times \gamma + \sigma_i) \quad (3 - 5)$$

[①] 两步法的优点是操作简便，假设更弱，但缺点是第一步的误差会被带到第二步，估计效率低，并且不能汇报稳健标准误和聚类标准误的估计结果。

其中，$\Phi(\cdot)$ 是标准正态累积分布函数，$\sigma_i \sim N(0, 1)$。re_i 表示是否发生医保报销的二值虚拟变量，当医保报销大于 0 时，$re_i = 1$。控制变量集 X_i 的选取与方程（3 - 3）相同。由于 Probit 模型的估计系数没有意义，并且两部模型的两个部分分开进行估计。第一部分在回归结果中汇报的是平均边际效应。第二部分使用 OLS 估计发生医疗支出且发生医保报销的群体的医保报销（对数），估计方程如下：

$$\log(reimburse_i / re_i = 1) = \beta_0 + \sum_{j=1}^{4} \beta_j \times income_{ij} + Z_i \times \eta + \omega_i \qquad (3-6)$$

其中，$\omega_i \sim N(0, \sigma_\omega^2)$，$\mathrm{Corr}(\sigma_i, \omega_i) = \rho_{\sigma\omega} = 0$，即是否发生医保报销和医保报销多少是相互独立的。$reimburse_i$ 表示医保报销金额，控制变量集 Z_i 的选取与方程（3 - 4）相同。第二部分方程（3 - 6）实质上估计的是，在医保报销大于 0 的条件下，医保报销的条件期望，因此自变量的边际效应是指对条件医保报销的影响。同样，为了解决潜在的异方差带来的估计偏误问题，两部模型的两个部分在回归中均使用稳健标准误。

3.2 数据、变量和描述性分析

3.2.1 数据来源和样本筛选过程

本章使用的数据来自西南财经大学中国家庭金融调查与研究中心的"中国家庭金融调查"（China Household Finance Survey，CHFS）。CHFS 采用了分层、三阶段、与人口规模成比例（PPS）的抽样设计方法，于 2011 年实施第一轮访问，随后每两年进行一次，截至 2019 年，CHFS 在全国范围内共开展了四轮调查。

在本书研究期间，CHFS 数据只能在官网上申请到 2011 年和 2013 年的，本书仔细对比了 2011 年和 2013 年数据，发现 2013 年数据有以下三个优势：第一，样本进行了大规模扩充，扩样后的数据不仅具有全国代表性还具有省级代表性；第二，健康信息更加丰富，除了自评健康外，还增加了 16 岁之前的健康自评，以及过去一年内是否因为身体原因（包括生育）而无法正常生活或工作；第三，医疗支出和医保报销信息询问的是过去一年的数据，相比2011 年的月度数据，医疗支出和医保报销的零值占比降低，再加上样本扩充，2013 年三项基本医疗保险制度对应的数据明显增加。由于医疗支出和医保报销是本书分析的核心变量，考虑到疾病的季节性等因素，如果简单地将2011 年的月度数据乘以 12 转化为年度数据，这与样本过去一年真实发生的医疗支出金额和医保报销金额之间存在明显的误差，因此，不能使用 2011 年和 2013 年两年的面板数据或者混合横截面数据进行分析。本章选取的数据来自 2013 年实施的第二轮扩样调查（以下简称 "CHFS2013"），该数据涵盖我国 29 个省（自治区、直辖市），262 个县（市、区），1048 个村（居委会），共 28141 户家庭，97906 个个体的微观信息，包括人口统计学特征、资产与负债、保险与保障、支出与收入等内容（甘犁等，2015）。

为了研究中国基本医疗保险制度的受益公平情况，本书的样本筛选过程如下：首先，本书将不符合保险与保障部分询问条件的个体样本删除；其次，因为本书以参加基本医疗保险制度的个体为研究对象，所以删除医保类型非城职保、城居保和新农合的个体；再次，由于健康状况、医疗支出和医保报销是评价受益公平的关键变量，本书删除了关键变量缺失的个体，同时也删除了年龄、婚姻状况等控制变量缺失的个体；最后，收入和收入差距是本书分析的核心变量，考虑到家庭决策和风险共担的重要性，本书使用家庭总收入除以家庭规模得到的人均家庭总收入（以下简称 "初始收入"）衡量个体的收入水平，另外参照李实等（2017）的做法，本书只保留初始收入、医疗支出后收入和医保报销后收入都是正值的个体。经过上述样本筛选，本书最终得到 35425 个有效个体样本，包括城职保 11761 个，城居保 4119 个，新农合 19545 个。表 3 - 3 给出了详细的样本筛选过程。

本章主要使用 Stata 14.2 进行数据处理和分析。在受益归宿分析中，集中指数和 Kakwani 指数主要使用 ADePT 软件①进行测算，"健康较差" 和 "身体不适" 这两个关注变量除外，二者的集中指数和 Kakwani 指数使用 Sta-

---

① 有关 ADePT 软件的介绍及下载，详见世界银行网站，http：//surveys. worldbank. org/adept。

ta 中的 DASP 程序包①进行测算，占优检验使用 Stata 中的 dominance 命令进行分析，所有集中曲线使用 Stata 中 DASP 程序包进行绘制；在实证分析中，健康状况的影响因素使用 Stata 中的 probit 命令进行估计，边际效应采用后估计命令 margins 进行计算，医疗支出和医保报销的影响因素使用 Stata 中的 heck-man 命令或者 probit + regress 命令进行估计。

表 3 - 3　　　　　　　　　　　样本筛选过程　　　　　　　　单位：个

	过程	删除	剩余
0	总样本量		97906
1	删除跳过"第三部分：保险与保障"（只询问受访者及其配偶，在校学生除外）	47098	50808
2	保留基本医保类型（城职保或城居保或新农合）	8354	42454
3	删除健康较差缺失	3	42451
4	删除医疗支出缺失	695	41756
5	删除医保报销缺失	855	40901
6	删除年龄缺失	2	40899
7	删除有配偶缺失	2	40897
8	删除户主缺失	9	40888
9	删除农业户口缺失	333	40555
10	保留初始收入、医疗支出和医保报销后收入都为正值	5130	35425
11	（1）保留城职保	23664	11761
	（2）保留城居保	31306	4119
	（3）保留新农合	15880	19545

资料来源：CHFS 2013。

3.2.2　变量定义和描述性统计

下面给出本书使用变量的定义：

（1）健康较差（$healthpoor_i$）：虚拟变量，与同龄人相比，现在的身体状况包括"非常好""很好""好""一般""不好"五类，如果身体状况"不好"，则变量赋值为 1，否则为 0。

---

① 有关 DASP 程序包的介绍及下载，详见 http://dasp.ecn.ulaval.ca/。

（2）身体不适（$bodyill_i$）：虚拟变量，如果过去一年内因为身体原因（包括生育）而无法正常生活或工作，则变量赋值为 1，否则为 0。

（3）是否发生医疗支出（me_i）：虚拟变量，如果过去一年发生的医疗支出金额大于零，则变量赋值为 1，否则为 0。

（4）医疗支出（对数）（$\log(medicalcost_i)$）：医疗支出金额衡量的是个体上年所有医疗方面的支出，包括自我治疗、门诊和住院等支出，但是不包括保健支出，将医疗支出金额取对数，得到"医疗支出（对数）"变量。为了直观反映医疗支出的情况，本书在描述性统计中汇报的是医疗支出金额的均值、标准差、最小值和最大值。

（5）是否发生医保报销（re_i）：虚拟变量，如果过去一年获得的医保报销金额大于零，则变量赋值为 1，否则为 0。

（6）医保报销（对数）（$\log(reimburse_i)$）：将医保报销金额取对数，得到"医保报销（对数）"变量。本书在描述性统计中汇报的是医保报销金额的均值、标准差、最小值和最大值。

（7）收入五等份组（$income_{ij}$）：虚拟变量，如果个体 i 属于第 j 个等份组，则变量赋值为 1，否则为 0。收入五等份组是按照中国基本医疗保险制度（全样本）及其构成（城职保、城居保和新农合）分别进行分组，每个样本内所有个体按照初始收入从低到高排序，平均分为五个等份组，分别记为 1、2、3、4、5。在描述性统计中，为了直观反映五等份组初始收入的差异，本书汇报的是五等份组初始收入的均值、标准差、最小值和最大值；在计量分析中，为了防止多重共线性，"第 5 等份组"作为基准组不进入回归方程，因此 $j=1$，2，3，4。

（8）年龄：用 2013 减去出生年，得到"年龄"变量。

（9）男性：虚拟变量，如果性别是男，则变量赋值为 1，否则为 0。

（10）有配偶：虚拟变量，婚姻状况包括"未婚""已婚""同居""分居""离婚""丧偶"六类，如果婚姻状况是"已婚"或"同居"，则变量赋值为 1，否则为 0。

（11）教育年限：文化程度包括"没上过学""小学""初中""高中""中专/职高""大专/高职""大学本科""硕士研究生""博士研究生"九类，通常情况下，小学需要 6 年毕业，初中需要 3 年毕业，高中/中专/职高需要3年毕业，大专/高职需要3年毕业，大学本科需要4年毕业，硕士/博士需要3年毕业，因此，这九类文化程度对应的"教育年限"变量分别赋值为0、6、9、12、12、15、16、19和22。

（12）工作：虚拟变量，如果目前个体有工作（包括务农），则变量赋值为1，否则为0。

（13）户主：虚拟变量，如果个体是户主，则变量赋值为1，否则为0。

（14）农业户口：虚拟变量，如果个体的户口类型是农业，或者是统一居民户口，但在获得统一居民户口之前的户口类型是农业，则变量赋值为1，否则为0。

（15）地区：虚拟变量，如果个体所在地区是东、中、西部地区，则"东/中/西部"变量赋值为1，否则为0。其中，东部地区包括北京、天津、河北、辽宁、上海、江苏、浙江、山东、广东、海南和福建，共11个省级区域；中部地区包括山西、安徽、江西、河南、湖北、湖南、吉林和黑龙江，共8个省级区域；西部地区包括内蒙古、广西、重庆、四川、贵州、云南、陕西、甘肃、青海和宁夏，共个10个省级区域。在描述性统计中，本书汇报了三个地区虚拟变量的均值、标准差、最小值和最大值，但在计量分析中，为了防止多重共线性，"西部"作为基准组不进入回归方程。

（16）与人同住：虚拟变量，如果与个体居住在一起的家庭成员数不等于0，则变量赋值为1，否则为0。

表3-4至表3-7分别给出全样本、城职保、城居保和新农合的描述性统计结果。

表3-4　　　　　　　　　　　全样本的描述性统计

变量	均值	标准差	最小值	最大值
健康较差	0.159	0.366	0.000	1.000
身体不适	0.173	0.379	0.000	1.000
是否发生医疗支出	0.707	0.455	0.000	1.000
医疗支出（元）	1561.037	3565.759	0.000	100000.000
是否发生医保报销	0.327	0.469	0.000	1.000
医保报销（元）	586.987	2100.285	0.000	95000.000

续表

变量		均值	标准差	最小值	最大值
收入五等份组初始收入（元）	1	2617.480	1427.652	0.333	5109.750
	2	7635.256	1490.713	5109.750	10257.400
	3	13516.181	2010.267	10260.000	17206.666
	4	22818.151	3648.459	17207.250	30000.000
	5	69407.868	97413.177	30000.000	1500000.000
年龄（岁）		50.010	13.506	17.000	113.000
男性		0.491	0.500	0.000	1.000
有配偶		0.924	0.266	0.000	1.000
教育年限（年）		8.952	4.320	0.000	22.000
工作		0.674	0.469	0.000	1.000
户主		0.510	0.500	0.000	1.000
农业户口		0.570	0.495	0.000	1.000
地区	东部	0.428	0.495	0.000	1.000
	中部	0.298	0.457	0.000	1.000
	西部	0.274	0.446	0.000	1.000
与人同住		0.943	0.231	0.000	1.000
医保类型	城职保	0.332	0.471	0.000	1.000
	城居保	0.116	0.321	0.000	1.000
	新农合	0.552	0.497	0.000	1.000
样本量		35425			

资料来源：CHFS 2013。

表 3 – 5　　　　　　　　城职保的描述性统计

变量	均值	标准差	最小值	最大值
健康较差	0.091	0.287	0.000	1.000
身体不适	0.110	0.312	0.000	1.000
是否发生医疗支出	0.761	0.427	0.000	1.000

变量		均值	标准差	最小值	最大值
医疗支出（元）		2433.343	4920.660	0.000	100000.000
是否发生医保报销		0.495	0.500	0.000	1.000
医保报销（元）		1217.380	3154.718	0.000	95000.000
收入五等份组初始收入（元）	1	9237.746	3573.153	33.333	14300.000
	2	18275.790	2217.947	14300.000	22000.000
	3	26230.877	2553.965	22000.000	30866.666
	4	37538.599	4323.398	30900.000	46200.000
	5	103107.944	125686.441	46214.668	1500000.000
年龄（岁）		50.153	14.441	18.000	111.000
男性		0.511	0.500	0.000	1.000
有配偶		0.903	0.295	0.000	1.000
教育年限（年）		12.036	3.525	0.000	22.000
工作		0.571	0.495	0.000	1.000
户主		0.549	0.498	0.000	1.000
农业户口		0.099	0.299	0.000	1.000
地区	东部	0.567	0.495	0.000	1.000
	中部	0.229	0.420	0.000	1.000
	西部	0.204	0.403	0.000	1.000
与人同住		0.936	0.245	0.000	1.000
样本量		11761			

资料来源：CHFS 2013。

表3-6　　　　　　　　　城居保的描述性统计

变量	均值	标准差	最小值	最大值
健康较差	0.130	0.336	0.000	1.000
身体不适	0.159	0.365	0.000	1.000
是否发生医疗支出	0.674	0.469	0.000	1.000

续表

变量		均值	标准差	最小值	最大值
医疗支出（元）		1648.041	3718.842	0.000	60000.000
是否发生医保报销		0.257	0.437	0.000	1.000
医保报销（元）		572.604	2047.174	0.000	30000.000
收入五等份组初始收入（元）	1	3933.232	2170.895	0.333	7426.667
	2	9860.296	1399.643	7450.000	12370.667
	3	15659.208	1917.844	12383.333	19200.000
	4	24672.368	3699.612	19210.000	32218.400
	5	79764.623	115329.797	32240.334	1220400.000
年龄（岁）		49.196	13.343	17.000	94.000
男性		0.416	0.493	0.000	1.000
有配偶		0.910	0.287	0.000	1.000
教育年限（年）		9.836	3.777	0.000	19.000
工作		0.496	0.500	0.000	1.000
户主		0.473	0.499	0.000	1.000
农业户口		0.146	0.353	0.000	1.000
地区	东部	0.426	0.494	0.000	1.000
	中部	0.323	0.468	0.000	1.000
	西部	0.251	0.434	0.000	1.000
与人同住		0.944	0.230	0.000	1.000
样本量		4119			

资料来源：CHFS 2013。

表 3 – 7   新农合的描述性统计

变量	均值	标准差	最小值	最大值
健康较差	0.206	0.405	0.000	1.000
身体不适	0.215	0.411	0.000	1.000
是否发生医疗支出	0.682	0.466	0.000	1.000

变量		均值	标准差	最小值	最大值
医疗支出（元）		1017.801	2192.633	0.000	80000.000
是否发生医保报销		0.241	0.428	0.000	1.000
医保报销（元）		210.687	862.041	0.000	35000.000
收入五等份组初始收入（元）	1	1696.810	886.321	0.600	3217.143
	2	4824.237	950.517	3217.143	6466.667
	3	8342.159	1159.770	6467.500	10452.500
	4	13310.065	1826.041	10460.000	16833.334
	5	36862.264	62697.548	16833.334	1500000.000
年龄（岁）		50.096	12.941	17.000	113.000
男性		0.495	0.500	0.000	1.000
有配偶		0.939	0.240	0.000	1.000
教育年限（年）		6.909	3.644	0.000	19.000
工作		0.773	0.419	0.000	1.000
户主		0.493	0.500	0.000	1.000
农业户口		0.942	0.233	0.000	1.000
地区	东部	0.346	0.476	0.000	1.000
	中部	0.333	0.471	0.000	1.000
	西部	0.321	0.467	0.000	1.000
与人同住		0.948	0.223	0.000	1.000
样本量		19545			

资料来源：CHFS 2013。

从健康状况上看，健康较差和身体不适的概率从城职保、城居保到新农合依次提高，分别是 0.091 和 0.110、0.130 和 0.159、0.206 和 0.215。从发生医疗支出的概率上看，城职保高于新农合，新农合略高于城居保，分别是 0.761、0.682 和 0.674，但是在医疗支出金额上，城职保最多（2433.343元），其次是城居保（1648.041 元），新农合最少（1017.801 元）。无论是获得医保报销的概率还是医保报销金额，都是从城职保、城居保到新农合依次

下降，并且城职保参保者获得医保报销的概率和金额分别是新农合参保者的
2.05 倍和 5.78 倍。由此可以发现，从均值上看，新农合参保者健康较差和
身体不适的概率最高，但是其发生的医疗支出金额最低，并且其获得医保报
销的概率和金额也最低。从收入五等份组初始收入上看，城职保高于城居保，
城居保高于新农合，但是对于第 5 等份组和第 1 等份组初始收入的比值，新
农合最高（22），城居保次之（20），城职保最低（11）。

人口统计学特征变量的数据显示：基本医保参保者的平均年龄在 50 岁
左右；城职保的男性占比（51.1%）略高于女性，城居保的女性占比更
高，新农合的男女比例相差不大；有配偶的比例都在 90% 以上，其中新农
合最高，其次是城居保和城职保；教育年限从城职保、城居保到新农合依
次下降；有工作的比例在新农合中最高（77.3%），其次城职保（57.1%），
城居保最低（49.6%）；户主的比例在城职保中最高，接近 55%，其次是新
农合的 49.3% 和城居保的 47.3%；农业户口的比例在新农合中最高，为
94.2%，其次是城居保的 14.6%，城职保的农业户口占比最低，只有 9.9%，
符合基本医疗保险制度覆盖人群的特点；在地区分布上，三项基本医疗保险
制度都是从东部、中部到西部依次递减，东部占比在城职保中最高，为
56.7%，其次是城居保的 42.6% 和新农合的 34.6%，相比于另外两项制度，
新农合的地区分布更为均衡。

3.3 全样本的受益公平分析

3.3.1 全样本的受益归宿情况

表 3 - 8 给出中国基本医疗保险制度全样本的受益归宿情况。从初始收入
上看，中国基本医疗保险制度全样本参保者之间具有明显的收入差距：最低
20% 等份组的初始收入占比不到 2.5%，而最高 20% 等份组的初始收入占比
将近 60%。初始收入累计比在 5% 水平上显著低于人口累计百分比，这与占
优检验的结果相一致：初始收入的洛伦兹曲线被平等线严格占优。

表 3 - 8 全样本的受益归宿

累计百分比（%）	初始收入	健康较差	身体不适	医疗支出	医保报销	自付支出
20	**2.26**	**28.55**[*]	**25.09**[*]	**6.60**[*]	**2.88**[*]	**8.85**[*]
	(0.03)	(0.29)	(0.25)	(0.07)	(0.03)	(0.09)
40	**8.84**	**56.10**[*]	**50.40**[*]	**19.96**[*]	**10.71**[*]	**25.53**[*]
	(0.11)	(0.56)	(0.50)	(0.20)	(0.11)	(0.26)
60	**20.49**	**76.35**[*]	**72.60**[*]	**37.82**[*]	**25.13**[*]	**45.47**[*]
	(0.23)	(0.76)	(0.72)	(0.38)	(0.25)	(0.45)
80	**40.16**	**90.94**[*]	**88.79**[*]	**63.09**[*]	**51.56**[*]	**70.05**[*]
	(0.41)	(0.91)	(0.88)	(0.63)	(0.51)	(0.70)
集中指数	不适用	-0.2142	-0.1471	0.3000	0.4515	0.2087
Kakwani 指数	不适用	-0.7827	-0.7156	-0.2685	-0.1170	-0.3597
平等线	-[*]	+	+	-[*]	-[*]	-[*]
洛伦兹曲线	不适用	+[*]	+[*]	+[*]	+[*]	+[*]

注：(1) 表中第 1 列是按初始收入排序的人口累计百分比，第 2～5 行汇报的是初始收入、健康较差、身体不适、医疗支出、医保报销和自付支出的累计百分比，括号内的数字为标准差。其中粗体表示与人口累计百分比在 5% 水平上存在显著差异，[*] 表示与初始收入累计百分比在 5% 水平上存在显著差异。(2) 表中最后两行汇报的是占优检验，其中空白单元格表示使用多重比较方法在 5% 的显著性水平上不能拒绝曲线无差异的原假设，+/-/× 表示拒绝原假设，支持占优/相交的存在，+ 是指占优平等线或洛伦兹曲线，即关注变量比均等分布或初始收入更集中于低收入群体，- 是指被平等线或洛伦兹曲线占优，× 是指与平等线或洛伦兹曲线相交。[*] 表示使用交叉结合原则在 5% 的显著性水平上拒绝原假设，存在更严格的占优，占优的方向同上，由 +/-/× 表示。

资料来源：CHFS 2013。

从健康状况上看，除全样本身体不适的第二等份组外，健康较差占比和身体不适占比基本上都随着收入的增加而降低，并且最高 20% 等份组的健康较差占比不到 10%、身体不适占比在 12% 以下，可见中国基本医疗保险制度全样本高低收入群体之间的健康状况具有明显差异：收入越高，健康状况越好。健康较差累计比和身体不适累计比都显著高于人口累计比和初始收入累计比，对应的集中指数和 Kakwani 指数都是负值，说明低收入群体的健康状况更差，并且相对于初始收入分布，健康状况的分布更加不均衡。图 3 - 1 和图 3 - 2 的集中曲线以及表 3 - 8 的占优检验都验证了这一结论：健康较差和身体不适的集中曲线都位于平等线上方，并且这两条集中曲线都占优平等线、严格占优洛伦兹曲线。

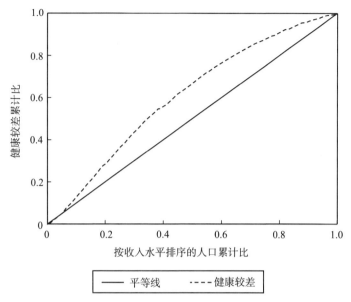

图 3 - 1　全样本健康较差的集中曲线

资料来源：CHFS 2013。

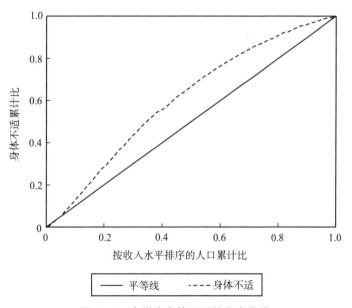

图 3 - 2　全样本身体不适的集中曲线

资料来源：CHFS 2013。

从医疗支出、医保报销和自付支出上看，医疗支出占比、医保报销占比和自付支出占比都随着收入的增加而提高，并且前三个等份组的医保报销占比低于医疗支出占比、医疗支出占比低于自付支出占比，最后两个等份组的医保报销占比高于医疗支出占比、医疗支出占比高于自付支出占比，其中最低20%等份组的医保报销占比不到3%，而最高20%等份组的医保报销占比超过48%，可见中国基本医疗保险制度全样本高低收入群体之间的医保受益差异悬殊。医疗支出累计比、医保报销累计比和自付支出累计比都显著低于人口累计比，但都显著高于初始收入累计比，正如图3-3的集中曲线和表3-8的占优检验结果所示，医疗支出、医保报销和自付支出的集中曲线都位于平等线和洛伦兹曲线之间，并且自付支出高于医疗支出，医疗支出高于医保报销，这三条集中曲线都被平等线严格占优，但都严格占优洛伦兹曲线。医疗支出、医保报销和自付支出的集中指数都是正值，并且医保报销大于医疗支出，医疗支出大于自付支出，说明医疗支出、医保报销和自付支出都集中

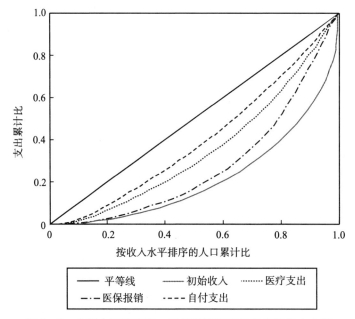

图3-3 全样本医疗支出、医保报销和自付支出的集中曲线

资料来源：CHFS 2013。

于高收入群体，并且医保报销的集中程度更大；Kakwani 指数都是负值，从其绝对值上看，医保报销小于医疗支出，医疗支出小于自付支出，说明医疗支出和自付支出是累退的，并且自付支出的累退程度更大，医保报销是累进的，这意味着虽然医保报销的分布是绝对不公平的，但是医保报销缩小了初始收入差距，是相对公平的。

3.3.2 全样本不同收入群体的健康状况

表 3 - 9 给出中国基本医疗保险制度全样本健康状况 Probit 模型的估计结果，可以发现：在控制年龄、性别、婚姻状态、教育年限等其他因素的条件下，不论因变量是健康较差还是身体不适，全样本前四个收入等份组的估计系数均为正值且显著，说明与最高收入等份组（即第 5 等份组，是基准组）相比，收入越低，健康较差和身体不适的概率越高，因此，中国基本医疗保险制度全样本存在与收入相关的健康不公平现象。

表 3 - 9 全样本健康状况 Probit 模型

变量		健康较差	身体不适
收入五等份组（5 为基准组）	1	0.073 *** (0.008)	0.038 *** (0.008)
	2	0.078 *** (0.008)	0.051 *** (0.008)
	3	0.041 *** (0.008)	0.043 *** (0.008)
	4	0.015 ** (0.007)	0.013 * (0.007)
年龄		0.004 *** (0.000)	0.002 *** (0.000)
男性		- 0.017 *** (0.005)	- 0.022 *** (0.005)

变量		健康较差	身体不适
有配偶		−0.037 *** (0.010)	−0.020 ** (0.009)
教育年限		−0.009 *** (0.001)	−0.006 *** (0.001)
工作		−0.075 *** (0.005)	−0.074 *** (0.005)
户主		−0.008 (0.005)	0.002 (0.005)
农业户口		0.012 * (0.007)	0.027 *** (0.008)
地区 （西部为基准组）	东部	−0.050 *** (0.004)	−0.051 *** (0.005)
	中部	0.001 (0.005)	−0.001 (0.005)
与人同住		0.004 (0.009)	−0.005 (0.010)
医保类型 （城职保为基准组）	城居保	0.004 (0.007)	0.020 *** (0.008)
	新农合	0.041 *** (0.008)	0.042 *** (0.008)
样本量		35425	35425

注：（1）为考察不同因素对健康较差和身体不适概率的影响，表中汇报的是边际效应。（2）***、**、*分别表示在1%、5%和10%水平上显著。（3）括号内汇报的是稳健标准差。
资料来源：CHFS 2013。

其他控制变量的估计系数表明：年龄越大，健康较差和身体不适的概率越高；与女性相比，男性参保者健康较差和身体不适的概率更低；与无配偶相比，有配偶的参保者健康较差和身体不适的概率更低；受教育程度越高，健康较差和身体不适的概率越低；与不工作相比，工作的参保者健康较差和身体不适的概率更低；与非农业户口相比，农业户口参保者健康较差和身体不适的概率更高；与西部相比，东部参保者健康较差和身体不适的概率更低；与城职保相比，城居保参保者身体不适的概率更高，新农合参保者健康较差和身体不适的概率都更高。

3.3.3 全样本不同收入群体的医疗支出情况

表 3 - 10 给出中国基本医疗保险制度全样本医疗支出 Heckman 选择模型的估计结果，可以发现：在控制年龄、性别、婚姻状态、教育年限等其他因素的条件下，最低收入等份组发生医疗支出的概率在 1% 水平上显著低于最高收入等份组；从医疗支出金额上看，前四个收入等份组都在 1% 水平上显著低于最高收入等份组，并且个体所属的收入等份组越低，其医疗支出金额与最高收入等份组的差距越大，前四个收入等份组的医疗支出金额分别比最高收入等份组低 87.9%、53.6%、40.6% 和 26.5%。结合表 3 - 9 全样本健康状况 Probit 模型的估计结果，可以看出，虽然低收入群体的健康状况更差，但是以医疗支出衡量的医疗服务利用的概率和程度更低，因此，中国基本医疗保险制度全样本存在与收入相关的医疗服务利用不公平现象。

表 3 - 10 全样本医疗支出 Heckman 选择模型

变量		选择方程	结果方程
收入五等份组（5 为基准组）	1	- 0.215 *** (0.027)	- 0.879 *** (0.034)
	2	- 0.034 (0.026)	- 0.536 *** (0.033)
	3	- 0.028 (0.025)	- 0.406 *** (0.031)
	4	- 0.004 (0.023)	- 0.265 *** (0.029)

续表

变量		选择方程	结果方程
健康较差		0.398 *** (0.023)	0.350 *** (0.025)
身体不适		0.457 *** (0.022)	0.498 *** (0.025)
年龄		-0.001 (0.004)	0.007 (0.004)
年龄平方		0.000 *** (0.000)	0.000 (0.000)
男性		-0.256 *** (0.018)	-0.066 *** (0.023)
有配偶		-0.015 (0.033)	0.128 *** (0.036)
教育年限		0.012 *** (0.002)	0.005 * (0.003)
工作		0.013 (0.019)	-0.270 *** (0.023)
户主		0.079 *** (0.018)	0.018 (0.022)
农业户口		-0.031 (0.027)	-0.139 *** (0.035)
地区 （西部为基准组）	东部	-0.211 *** (0.018)	0.193 *** (0.023)
	中部	-0.154 *** (0.019)	0.069 *** (0.023)
与人同住		0.078 ** (0.034)	
医保类型 （城职保为基准组）	城居保	-0.251 *** (0.025)	-0.053 * (0.032)
	新农合	-0.180 *** (0.030)	-0.129 *** (0.038)

变量	选择方程	结果方程
常数项	0.448 *** (0.099)	7.088 *** (0.128)
相关系数	\multicolumn{2}{c}{− 0.722 (0.022)}	
样本量	\multicolumn{2}{c}{35425}	

注：（1）Heckman 选择模型的选择方程汇报的是估计系数而不是边际效应。（2）***、**、* 分别表示在 1%、5% 和 10% 水平上显著。（3）括号内汇报的是稳健标准差。

资料来源：CHFS 2013。

其他控制变量的估计系数表明：健康较差和身体不适的参保者不仅发生医疗支出的概率更高，而且其医疗支出金额也更高，这符合预期；与女性相比，男性参保者不仅发生医疗支出的概率更低，而且其医疗支出金额也更低，这与表 3 - 9 显示的"男性的健康状况比女性更好"的结论相一致；与无配偶相比，有配偶的参保者的医疗支出金额更高；发生医疗支出的概率随着教育年限的增加而提高，医疗支出金额也与教育年限成正比，可能原因在于受教育程度高的参保者更重视健康，患病后能及时就医并且在痊愈之前不会中断医疗服务；与不工作相比，工作的参保者的医疗支出金额更低，原因在于工作的参保者的健康状况更好（见表 3 - 9）；户主身份提高了参保者发生医疗支出的概率，但其与医疗支出金额的关系不显著；与非农业户口相比，虽然农业户口参保者的健康状况更差（见表 3 - 9），但是其医疗支出金额却显著更低，说明农业户口参保者可能存在未被满足的医疗服务需求；与西部相比，虽然东部和中部参保者发生医疗支出的概率更低，但是二者的医疗支出金额却更高，说明东部和中部参保者医疗服务利用的程度更高；"与人同住"变量在 5% 的显著性水平上提高了参保者发生医疗支出的概率。与城职保相比，城居保和新农合参保者发生医疗支出的概率都在 1% 水平上显著更低，并且其医疗支出金额分别在 10% 和 1% 的显著性水平上低 5.3% 和 12.9%，结合表 3 - 9 全样本健康状况 Probit 模型的估计结果，可以发现，虽然城居保和新农合的健康状况更差，但是二者医疗服务利用的概率和程度都更低。

3.3.4 全样本不同收入群体的医保报销情况

表 3 – 11 给出中国基本医疗保险制度全样本医保报销两部模型的估计结果，可以发现：在控制年龄、性别、婚姻状态、教育年限等其他因素的条件下，发生医疗支出的群体中前四个收入等份组发生医保报销的概率都在 1% 的显著性水平上分别比最高收入等份组低 14.5%、11.6%、9.0% 和 6.1%；发生医疗支出且发生医保报销的群体中前四个收入等份组的医保报销金额都在 1% 水平上显著低于最高收入等份组，并且个体所属的收入等份组越低，其医保报销金额与最高收入等份组的差距越大，前四个收入等份组的医保报销金额分别比最高收入等份组低 116.8%、61.8%、41.9% 和 30.5%。结合表 3 – 9 全样本健康状况 Probit 模型的估计结果和表 3 – 10 全样本医疗支出 Heckman 选择模型的估计结果，可以看出，健康状况更差的低收入群体不仅医疗服务利用的概率和程度更低，而且其获得医保报销的概率和金额也更低，因此，中国基本医疗保险制度全样本存在明显的与收入相关的受益不公平现象。

表 3 –11　　　　　　　　　　全样本医保报销两部模型

变量		第一部分	第二部分
收入五等份组 (5 为基准组)	1	− 0.145 *** (0.011)	− 1.168 *** (0.049)
	2	− 0.116 *** (0.010)	− 0.618 *** (0.044)
	3	− 0.090 *** (0.010)	− 0.419 *** (0.039)
	4	− 0.061 *** (0.009)	− 0.305 *** (0.034)
健康较差		0.013 (0.008)	0.337 *** (0.035)
身体不适		0.063 *** (0.008)	0.636 *** (0.033)

续表

变量		第一部分	第二部分
年龄		0.006 *** (0.000)	- 0.004 (0.006)
年龄平方			0.000 *** (0.000)
男性		- 0.037 *** (0.007)	- 0.110 *** (0.028)
有配偶		0.014 (0.013)	0.160 *** (0.048)
教育年限		0.004 *** (0.001)	0.023 *** (0.004)
工作		0.003 (0.008)	- 0.248 *** (0.031)
户主		0.006 (0.007)	0.048 * (0.028)
农业户口		0.007 (0.011)	- 0.167 *** (0.048)
地区 （西部为基准组）	东部	0.030 *** (0.007)	0.116 *** (0.030)
	中部	- 0.053 *** (0.008)	- 0.054 (0.034)
与人同住		0.053 *** (0.015)	
医保类型 （城职保为基准组）	城居保	- 0.205 *** (0.009)	- 0.139 *** (0.045)
	新农合	- 0.217 *** (0.012)	- 0.586 *** (0.054)
常数项			6.389 *** (0.170)
样本量		25042	11594

注：（1）两部模型的第一部分汇报的是边际效应。（2）***、**、*分别表示在1%、5%和10%水平上显著。（3）括号内汇报的是稳健标准差。

资料来源：CHFS 2013。

其他控制变量的估计系数表明：健康较差的参保者发生医保报销的概率为正值但不具有统计显著性，其医保报销金额在 1% 水平上显著更高；身体不适的参保者不仅发生医保报销的概率更高，而且其医保报销金额也更高；年龄每增加 1 岁，发生医保报销的概率增加 0.6%；与女性相比，男性参保者不仅发生医保报销的概率更低，其医保报销金额也更低；发生医保报销的概率和医保报销金额均随着教育年限的增加而提高；与不工作相比，工作的参保者的医保报销金额更低；与非农业户口相比，农业户口参保者的医保报销金额更低；与西部地区相比，东部地区参保者不仅发生医保报销的概率更高，而且其医保报销金额也更高，而中部地区参保者发生医保报销的概率更低，但是医保报销金额与中部地区的关系不显著；"与人同住"变量在 1% 水平上显著提高了发生医保报销的概率。与城职保相比，城居保和新农合参保者不仅发生医保报销的概率都在 1% 水平上显著更低，而且其医保报销金额也都在 1% 的显著性水平上分别低 13.9% 和 58.6%，结合表 3 - 9 全样本健康状况 Probit 模型的估计结果和表 3 - 10 全样本医疗支出 Heckman 选择模型的估计结果，可以发现，健康状况更差的城居保和新农合参保者不仅医疗服务利用的概率和程度都更低，而且其获得医保报销的概率和金额也都更低，因此，从以医疗支出和医保报销衡量的受益公平上看，在中国三项基本医疗保险制度中，城职保的公平性最好，其次是城居保，新农合的公平性最差。

3.4　城职保的受益公平分析

3.4.1　城职保的受益归宿情况

表 3 - 12 给出城职保的受益归宿情况。从初始收入上看，城职保参保者之间的收入差距比较明显：最低 20% 等份组的初始收入占比不到 5%，而最高 20% 等份组的初始收入占比超过 50%。初始收入累计比显著低于人口累计百分比，占优检验结果表明，初始收入的洛伦兹曲线被平等线严格占优。

表 3-12　　　　　　　　　　城职保的受益归宿

累计百分比（%）	初始收入	健康较差	身体不适	医疗支出	医保报销	自付支出
20	**4.75**	**25.93** *	**24.00** *	**10.41** *	**8.35** *	**12.48** *
	(0.09)	(0.26)	(0.24)	(0.10)	(0.08)	(0.12)
40	**14.15**	**49.01** *	**46.36** *	**26.56** *	**23.18** *	**29.95** *
	(0.22)	(0.49)	(0.46)	(0.26)	(0.23)	(0.30)
60	**27.64**	**71.43** *	**68.00** *	**47.58** *	**43.50** *	**51.67** *
	(0.41)	(0.71)	(0.68)	(0.48)	(0.43)	(0.52)
80	**46.95**	**87.91** *	**85.45** *	**72.98** *	**70.52** *	**75.45** *
	(0.65)	(0.88)	(0.86)	(0.73)	(0.71)	(0.75)
集中指数	不适用	-0.1392	-0.1089	0.1783	0.2282	0.1284
Kakwani 指数	不适用	-0.6131	-0.5828	-0.2956	-0.2458	-0.3455
平等线	- *	+	+ *	-	-	-
洛伦兹曲线	不适用	+ *	+ *	+ *	+ *	+ *

注：（1）表中第 1 列是按初始收入排序的人口累计百分比，第 2~5 行汇报的是初始收入、健康较差、身体不适、医疗支出、医保报销和自付支出的累计百分比，括号内的数字为标准差。其中粗体表示与人口累计百分比在 5% 水平上存在显著差异，* 表示与初始收入累计百分比在 5% 水平上存在显著差异。（2）表中最后两行汇报的是占优检验，其中空白单元格表示使用多重比较方法在 5% 的显著性水平上不能拒绝曲线无差异的原假设，+/-/× 表示拒绝原假设，支持占优/相交的存在，+ 是指占优平等线或洛伦兹曲线，即关注变量比均等分布或初始收入更集中于低收入群体，- 是指被平等线或洛伦兹曲线占优，× 是指与平等线或洛伦兹曲线相交。* 表示使用交叉结合原则在 5% 的显著性水平上拒绝原假设，存在更严格的占优，占优的方向同上，由 +/-/× 表示。

资料来源：CHFS 2013。

　　从健康状况上看，健康较差占比和身体不适占比都随着收入的增加而降低，其中最低 20% 等份组的健康较差占比和身体不适占比分别是 25.93% 和 24.00%，最高 20% 等份组的健康较差占比和身体不适占比分别是 12.09% 和 14.55%，可见城职保高低收入群体之间的健康状况差异明显。健康较差累计比和身体不适累计比都显著高于人口累计比和初始收入累计比，图 3-4 和图 3-5 的集中曲线以及表 3-12 的占优检验结果显示，健康较差和身体不适的集中曲线都位于平等线上方，其中健康较差的集中曲线占优平等线、严格占优洛伦兹曲线，身体不适的集中曲线同时严格占优平等线和洛伦兹曲线。集中指数和 Kakwani 指数都是负值，说明低收入群体的健康状况更差，并且相对于初始收入分布，健康状况的分布更加不均衡。

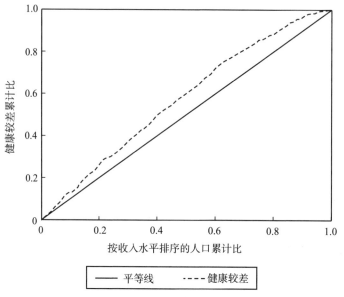

图 3 - 4 城职保健康较差的集中曲线

资料来源：CHFS 2013。

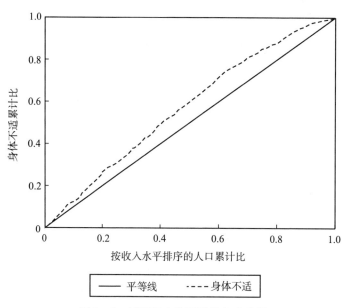

图 3 - 5 城职保身体不适的集中曲线

资料来源：CHFS 2013。

从医疗支出、医保报销和自付支出上看，医疗支出占比、医保报销占比和自付支出占比都随着收入的增加而提高，并且前三个等份组的医保报销占比低于医疗支出占比、医疗支出占比低于自付支出占比，最后两个等份组的医保报销占比高于医疗支出占比、医疗支出占比高于自付支出占比，其中最低 20% 等份组的医保报销占比是 8.35%，而最高 20% 等份组的医保报销占比是 29.48%，可见城职保高低收入群体之间的医保受益存在明显差异。医疗支出累计比、医保报销累计比和自付支出累计比都显著低于人口累计比，但都显著高于初始收入累计比，图 3−6 的集中曲线和表 3−12 的占优检验结果也说明了这一点：医疗支出、医保报销和自付支出的集中曲线都位于平等线和洛伦兹曲线之间，并且医疗支出位于自付支出和医保报销之间，这三条集中曲线都被平等线占优，但都严格占优洛伦兹曲线。集中指数表明，医疗支出、医保报销和自付支出都集中于高收入群体，并且医保报销的集中程度更大；Kakwani 指数显示，医疗支出和自付支出是累退的，并且自付支出的累退程度更大，医保报销是累进的，这意味着虽然医保报销的分布是绝对不公平的，但是医保报销缩小了初始收入差距，是相对公平的。

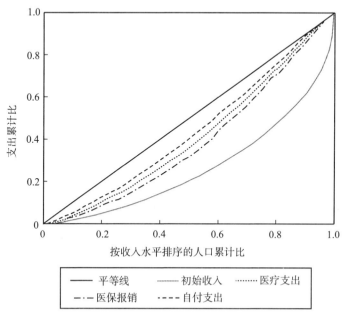

图 3−6 城职保医疗支出、医保报销和自付支出的集中曲线

资料来源：CHFS 2013。

3.4.2 城职保不同收入群体的健康状况

表3－13给出城职保健康状况 Probit 模型的估计结果，可以看出：在其他因素不变的情况下，不论因变量是健康较差还是身体不适，城职保前两个收入等份组的估计系数均为正值且显著，说明与最高收入等份组相比，收入越低，健康较差和身体不适的概率越高，因此，城职保存在与收入相关的健康不公平现象。

表3－13 城职保健康状况 Probit 模型

变量		健康较差	身体不适
收入五等份组 （5 为基准组）	1	0.036 *** (0.011)	0.033 *** (0.011)
	2	0.017 * (0.010)	0.022 ** (0.011)
	3	0.011 (0.009)	0.017 (0.010)
	4	－0.008 (0.009)	－0.000 (0.010)
年龄		0.002 *** (0.000)	0.001 *** (0.000)
男性		－0.006 (0.006)	－0.014 ** (0.006)
有配偶		－0.040 *** (0.014)	－0.017 (0.013)
教育年限		－0.005 *** (0.001)	－0.004 *** (0.001)
工作		－0.041 *** (0.007)	－0.055 *** (0.009)
户主		0.005 (0.006)	0.002 (0.006)

变量		健康较差	身体不适
农业户口		−0.016* (0.010)	0.011 (0.011)
地区 （西部为基准组）	东部	−0.008 (0.007)	−0.030*** (0.007)
	中部	0.004 (0.008)	−0.010 (0.008)
与人同住		0.024** (0.011)	0.020 (0.013)
样本量		11761	11761

注：（1）为考察不同因素对健康较差和身体不适概率的影响，表中汇报的是边际效应。（2）***、**、*分别表示在1%、5%和10%水平上显著。（3）括号内汇报的是稳健标准差。

资料来源：CHFS 2013。

其他控制变量的估计系数显示：健康较差和身体不适的概率随着年龄的增加而提高；与女性相比，男性参保者身体不适的概率更低；与无配偶相比，有配偶的参保者健康较差的概率更低；健康较差和身体不适的概率随着教育年限的增加而降低；与不工作相比，工作的参保者健康较差和身体不适的概率更低；与非农业户口相比，农业户口参保者健康较差的概率在10%水平上显著更低；与西部地区相比，东部地区参保者身体不适的概率更低；"与人同住"变量在5%的显著性水平上对健康较差有正向影响。

3.4.3 城职保不同收入群体的医疗支出情况

表3−14给出城职保医疗支出 Heckman 选择模型的估计结果，可以看出：在其他因素不变的情况下，最低收入等份组发生医疗支出的概率在1%水平上显著低于最高收入等份组；前四个收入等份组的医疗支出金额都在1%的显著性水平上分别比最高收入等份组低52.6%、40.5%、28.9%和13.3%。结合表3−13城职保健康状况 Probit 模型的估计结果，可以发现，虽然低收入群体的健康状况更差，但是以医疗支出衡量的医疗服务利用的概

率和程度更低，因此，城职保存在与收入相关的医疗服务利用不公平现象。

表 3 – 14 城职保医疗支出 Heckman 选择模型

变量		选择方程	结果方程
收入五等份组 （5 为基准组）	1	− 0. 156 *** （0. 044）	− 0. 526 *** （0. 050）
	2	− 0. 012 （0. 043）	− 0. 405 *** （0. 047）
	3	− 0. 024 （0. 042）	− 0. 289 *** （0. 048）
	4	− 0. 004 （0. 041）	− 0. 133 *** （0. 046）
健康较差		0. 371 *** （0. 057）	0. 543 *** （0. 047）
身体不适		0. 452 *** （0. 050）	0. 652 *** （0. 046）
年龄		− 0. 020 *** （0. 007）	0. 032 *** （0. 007）
年龄平方		0. 000 *** （0. 000）	− 0. 000 （0. 000）
男性		− 0. 249 *** （0. 029）	− 0. 165 *** （0. 034）
有配偶		0. 040 （0. 057）	0. 059 （0. 053）
教育年限		0. 015 *** （0. 005）	0. 026 *** （0. 005）
工作		− 0. 150 *** （0. 040）	− 0. 135 *** （0. 044）
户主		0. 139 *** （0. 028）	0. 028 （0. 032）

续表

变量		选择方程	结果方程
农业户口		− 0.075 * (0.044)	− 0.071 (0.056)
地区 （西部为基准组）	东部	− 0.145 *** (0.034)	0.192 *** (0.037)
	中部	− 0.102 *** (0.040)	− 0.001 (0.042)
与人同住		0.147 ** (0.065)	
常数项		0.826 *** (0.188)	5.858 *** (0.216)
相关系数		− 0.631 (0.054)	
样本量		11761	

注：（1）Heckman 选择模型的选择方程汇报的是估计系数而不是边际效应。（2）***、**、*分别表示在1%、5%和10%水平上显著。（3）括号内汇报的是稳健标准差。

资料来源：CHFS 2013。

其他控制变量的估计系数显示：健康较差和身体不适的参保者不仅发生医疗支出的概率更高，而且其医疗支出金额也更高，这符合预期；发生医疗支出的概率先随着年龄的增加而降低，达到最低点之后，再随着年龄的增加而提高；与女性相比，男性参保者不仅发生医疗支出的概率更低，而且其医疗支出金额也更低；发生医疗支出的概率随着教育年限的增加而提高，教育年限每增加 1 年，医疗支出金额增加 2.6%；与不工作相比，工作的参保者不仅发生医疗支出的概率更低，而且其医疗支出金额也更低；户主身份在1% 的显著性水平上提高了参保者发生医疗支出的概率，但其与医疗支出金额的关系不显著；与非农业户口相比，农业户口参保者发生医疗支出的概率在10% 水平上显著更低；与西部相比，东部和中部参保者发生医疗支出的概率更低，但是东部参保者的医疗支出金额却更高，说明东部参保者医疗服务利用的程度更高；"与人同住"变量在 5% 的显著性水平上提高了参保者发生医疗支出的概率。

3.4.4　城职保不同收入群体的医保报销情况

表 3 - 15 给出城职保医保报销 Heckman 选择模型的估计结果，可以看出：在其他因素不变的情况下，前三个收入等份组发生医保报销的概率都在 1% 水平上显著低于最高收入等份组；前三个收入等份组的医保报销金额都在 1% 的显著性水平上分别比最高收入等份组低 36.3%、28.1% 和 20.5%，第 4 等份组在 5% 的显著性水平上比最高收入等份组低 13.1%。结合表 3 - 13 城职保健康状况 Probit 模型的估计结果和表 3 - 14 城职保医疗支出 Heckman 选择模型的估计结果，可以看出，健康状况更差的低收入群体不仅医疗服务利用的概率和程度更低，而且其获得医保报销的概率和金额也更低，因此，城职保存在明显的与收入相关的受益不公平现象。

表 3 - 15　　　　　　　　城职保医保报销 Heckman 选择模型

变量		选择方程	结果方程
收入五等份组 （5 为基准组）	1	- 0.414 *** (0.049)	- 0.363 *** (0.064)
	2	- 0.218 *** (0.047)	- 0.281 *** (0.059)
	3	- 0.162 *** (0.046)	- 0.205 *** (0.058)
	4	- 0.004 (0.045)	- 0.131 ** (0.054)
健康较差		- 0.015 (0.048)	0.403 *** (0.058)
身体不适		0.190 *** (0.044)	0.526 *** (0.053)
年龄		0.034 *** (0.007)	- 0.000 (0.009)

续表

变量		选择方程	结果方程
年龄平方		- 0. 000 ** (0. 000)	0. 000 (0. 000)
男性		- 0. 103 *** (0. 031)	- 0. 096 ** (0. 038)
有配偶		- 0. 031 (0. 059)	0. 057 (0. 067)
教育年限		0. 017 *** (0. 005)	0. 020 *** (0. 006)
工作		- 0. 044 (0. 042)	- 0. 124 ** (0. 053)
户主		0. 032 (0. 031)	0. 059 (0. 038)
农业户口		0. 007 (0. 051)	- 0. 065 (0. 071)
地区 （西部为基准组）	东部	0. 211 *** (0. 036)	0. 082 * (0. 046)
	中部	- 0. 130 *** (0. 041)	0. 040 (0. 054)
与人同住		0. 171 *** (0. 065)	
常数项		- 1. 137 *** (0. 197)	6. 981 *** (0. 287)
相关系数		- 0. 750 (0. 030)	
样本量		8946	

注：（1）Heckman 选择模型的选择方程汇报的是估计系数而不是边际效应。（2） *** 、 ** 、 *
分别表示在 1% 、5% 和 10% 水平上显著。（3）括号内汇报的是稳健标准差。

资料来源：CHFS 2013。

其他控制变量的估计系数显示：健康较差的参保者发生医保报销的概率为负值但不具有统计显著性，其医保报销金额在1%水平上显著更高；身体不适的参保者不仅发生医保报销的概率更高，而且其医保报销金额也更高；发生医保报销的概率先随着年龄的增加而提高，达到最高点之后，再随着年龄的增加而降低；与女性相比，男性参保者不仅发生医保报销的概率更低，其医保报销金额也更低；发生医保报销的概率随着教育年限的增加而提高，教育年限每增加1年，医保报销金额提高2%；与不工作相比，工作的参保者的医保报销金额更低；与西部地区相比，东部地区参保者不仅发生医保报销的概率更高，而且其医保报销金额也更高，而中部地区参保者发生医保报销的概率更低，但是医保报销金额与中部的关系不显著；"与人同住"变量在1%水平上显著提高了发生医保报销的概率。

3.5 城居保的受益公平分析

3.5.1 城居保的受益归宿情况

表3-16给出城居保的受益归宿情况。从初始收入上看，城居保参保者之间的收入差距较大：最低20%等份组的初始收入占比不到3%，而最高20%等份组的初始收入占比接近60%。初始收入累计比显著低于人口累计百分比，占优检验结果显示，初始收入的洛伦兹曲线被平等线严格占优。

表3-16 城居保的受益归宿

累计百分比（%）	初始收入	健康较差	身体不适	医疗支出	医保报销	自付支出
20	**2.93**	**25.08***	**25.53***	**8.15***	**3.75**	**10.49***
	(0.13)	(0.25)	(0.26)	(0.08)	(0.04)	(0.10)
40	**10.30**	**51.23***	**50.06***	**22.80***	**13.64***	**27.68***
	(0.36)	(0.51)	(0.50)	(0.23)	(0.14)	(0.28)

续表

累计百分比（%）	初始收入	健康较差	身体不适	医疗支出	医保报销	自付支出
60	**21. 99**	**73. 69** *	**72. 08** *	**43. 26** *	**30. 60** *	**49. 99** *
	(0. 72)	(0. 74)	(0. 72)	(0. 43)	(0. 31)	(0. 50)
80	**40. 42**	**90. 00** *	**87. 55** *	**69. 54** *	**62. 32** *	**73. 39** *
	(1. 25)	(0. 90)	(0. 88)	(0. 70)	(0. 62)	(0. 73)
集中指数	不适用	− 0. 1592	− 0. 1459	0. 2342	0. 3661	0. 1640
Kakwani 指数	不适用	− 0. 7147	− 0. 7013	− 0. 3213	− 0. 1894	− 0. 3914
平等线	− *	+	+	−	−	−
洛伦兹曲线	不适用	+ *	+ *	+ *	+	+ *

注：（1）表中第 1 列是按初始收入排序的人口累计百分比，第 2 ~ 5 行汇报的是初始收入、健康较差、身体不适、医疗支出、医保报销和自付支出的累计百分比，括号内的数字为标准差。其中粗体表示与人口累计百分比在 5% 水平上存在显著差异，* 表示与初始收入累计百分比在 5% 水平上存在显著差异。（2）表中最后两行汇报的是占优检验，其中空白单元格表示使用多重比较方法在 5% 的显著性水平上不能拒绝曲线无差异的原假设，+/−/× 表示拒绝原假设，支持占优/相交的存在，+ 是指占优平等线或洛伦兹曲线，即关注变量比均等分布或初始收入更集中于低收入群体，− 是指被平等线或洛伦兹曲线占优，× 是指与平等线或洛伦兹曲线相交。* 表示使用交叉结合原则在 5% 的显著性水平上拒绝原假设，存在更严格的占优，占优的方向同上，由 +/−/× 表示。

资料来源：CHFS 2013。

从健康状况上看，除城居保健康较差的第二等份组外，健康较差占比和身体不适占比都随着收入的增加而降低，其中最低 20% 等份组的健康较差占比和身体不适占比分别是 25. 08% 和 25. 53%，最高 20% 等份组的健康较差占比和身体不适占比分别是 10% 和 12. 45%，可见城居保高低收入群体之间的健康状况具有明显差异。健康较差累计比和身体不适累计比都显著高于人口累计比和初始收入累计比，图 3 − 7 和图 3 − 8 的集中曲线以及表 3 − 16 的占优检验结果表明，健康较差和身体不适的集中曲线的绝大部分都位于平等线上方，并且这两条集中曲线都占优平等线、严格占优洛伦兹曲线。集中指数和 Kakwani 指数显示，低收入群体的健康状况更差，并且相对于初始收入分布，健康状况的分布更加不均衡。

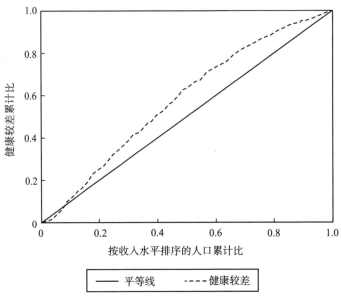

图 3 - 7 城居保健康较差的集中曲线

资料来源：CHFS 2013。

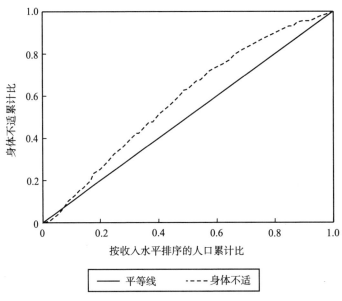

图 3 - 8 城居保身体不适的集中曲线

资料来源：CHFS 2013。

从医疗支出、医保报销和自付支出上看，医疗支出占比、医保报销占比和自付支出占比都随着收入的增加而提高，并且前三个等份组的医保报销占比低于医疗支出占比、医疗支出占比低于自付支出占比，最后两个等份组的医保报销占比高于医疗支出占比、医疗支出占比高于自付支出占比，其中最低20%等份组的医保报销占比是3.75%，而最高20%等份组的医保报销占比是37.68%，可见城居保高低收入群体之间的医保受益具有明显差异。医疗支出累计比、医保报销累计比和自付支出累计比都显著低于人口累计比，但都显著高于初始收入累计比（城居保医保报销的前20%累计比除外），图3-9的集中曲线和表3-16的占优检验结果表明，医疗支出、医保报销和自付支出的集中曲线都位于平等线和洛伦兹曲线之间，并且医疗支出位于自付支出和医保报销之间，这三条集中曲线都被平等线占优，医疗支出和自付支出严格占优洛伦兹曲线，医保报销占优洛伦兹曲线。集中指数和Kakwani指数显示：医疗支出、医保报销和自付支出都集中于高收入群体，并且医保报销的集中程度更大；医疗支出和自付支出是累退的，并且自付支出的累退程度更大，医保报销是累进的，这意味着虽然医保报销的分布是绝对不公平的，但是医保报销缩小了初始收入差距，是相对公平的。

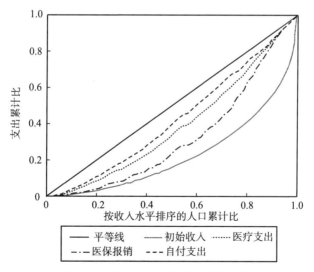

图 3-9 城居保医疗支出、医保报销和自付支出的集中曲线

资料来源：CHFS 2013。

3.5.2 城居保不同收入群体的健康状况

表3-17给出城居保健康状况 Probit 模型的估计结果，可以发现：在控制年龄、性别、婚姻状态、教育年限等其他因素的条件下，不论因变量是健康较差还是身体不适，城居保前三个收入等份组的估计系数均为正值且在1%水平上显著，说明与最高收入等份组相比，收入越低，健康较差和身体不适的概率越高，因此，城居保存在与收入相关的健康不公平现象。

表 3 -17 城居保健康状况 Probit 模型

变量		健康较差	身体不适
收入五等份组 （5 为基准组）	1	0.073 *** (0.021)	0.078 *** (0.022)
	2	0.075 *** (0.021)	0.074 *** (0.022)
	3	0.059 *** (0.021)	0.065 *** (0.022)
	4	0.019 (0.019)	0.013 (0.020)
年龄		0.003 *** (0.000)	0.000 (0.001)
男性		0.006 (0.012)	0.010 (0.013)
有配偶		-0.033 (0.024)	-0.035 (0.025)
教育年限		-0.007 *** (0.002)	-0.005 *** (0.002)
工作		-0.077 *** (0.011)	-0.075 *** (0.013)
户主		-0.008 (0.011)	-0.003 (0.013)

续表

变量		健康较差	身体不适
农业户口		−0.016 (0.015)	0.020 (0.017)
地区 （西部为基准组）	东部	−0.025 ** (0.013)	−0.054 *** (0.014)
	中部	0.025 * (0.013)	0.006 (0.014)
与人同住		−0.002 (0.026)	−0.046 (0.031)
样本量		4119	4119

注：（1）为考察不同因素对健康较差和身体不适概率的影响，表中汇报的是边际效应。（2） *** 、
** 、 * 分别表示在 1%、5% 和 10% 水平上显著。（3）括号内汇报的是稳健标准差。
资料来源：CHFS 2013。

其他控制变量的估计系数表明：健康较差的概率随着年龄的增加而提高；健康较差和身体不适的概率随着教育年限的增加而降低；与不工作相比，工作的参保者健康较差和身体不适的概率更低；与西部地区相比，东部地区参保者健康较差和身体不适的概率更低。

3.5.3 城居保不同收入群体的医疗支出情况

表 3-18 给出城居保医疗支出 Heckman 选择模型的估计结果，可以发现：在控制年龄、性别、婚姻状态、教育年限等其他因素的条件下，最低收入等份组发生医疗支出的概率在 1% 水平上显著低于最高收入等份组；前三个收入等份组的医疗支出金额都在 1% 的显著性水平上分别比最高收入等份组低 67.6%、52.1% 和 31.4%，第 4 等份组在 10% 的显著性水平上比最高收入等份组低 15.6%。结合表 3-17 城居保健康状况 Probit 模型的估计结果，可以看出，虽然低收入群体的健康状况更差，但是以医疗支出衡量的医疗服务利用的概率和程度更低，因此，城居保存在与收入相关的医疗服务利用不公平现象。

表 3 – 18　　　　　　　　　城居保医疗支出 Heckman 选择模型

变量		选择方程	结果方程
收入五等份组 （5 为基准组）	1	- 0. 207 *** （0. 069）	- 0. 676 *** （0. 094）
	2	- 0. 063 （0. 069）	- 0. 521 *** （0. 093）
	3	0. 010 （0. 067）	- 0. 314 *** （0. 091）
	4	0. 017 （0. 066）	- 0. 156 * （0. 091）
健康较差		0. 379 *** （0. 072）	0. 472 *** （0. 081）
身体不适		0. 392 *** （0. 063）	0. 532 *** （0. 079）
年龄		0. 014 （0. 010）	- 0. 025 ** （0. 013）
年龄平方		- 0. 000 （0. 000）	0. 000 *** （0. 000）
男性		- 0. 272 *** （0. 047）	- 0. 004 （0. 066）
有配偶		- 0. 025 （0. 085）	0. 162 * （0. 097）
教育年限		0. 027 *** （0. 007）	- 0. 002 （0. 009）
工作		- 0. 064 （0. 049）	- 0. 145 ** （0. 066）
户主		0. 045 （0. 046）	0. 021 （0. 062）

续表

变量		选择方程	结果方程
农业户口		−0.013 (0.061)	−0.223 *** (0.084)
地区 （西部为基准组）	东部	−0.204 *** (0.054)	0.324 *** (0.069)
	中部	−0.222 *** (0.055)	0.111 (0.070)
与人同住		0.072 (0.092)	
常数项		−0.229 (0.279)	7.577 *** (0.375)
相关系数		−0.750 (0.045)	
样本量		4119	

注：（1）Heckman 选择模型的选择方程汇报的是估计系数而不是边际效应。（2） *** 、** 、*
分别表示在1%、5%和10%水平上显著。（3）括号内汇报的是稳健标准差。

资料来源：CHFS 2013。

其他控制变量的估计系数表明：健康较差和身体不适的参保者不仅发生
医疗支出的概率更高，而且其医疗支出金额也更高，这符合预期；医疗支出
金额先随着年龄的增加而降低，达到最低点之后，再随着年龄的增加而提高；
与女性相比，男性参保者发生医疗支出的概率更低；与无配偶相比，有配偶
的参保者的医疗支出金额在10%水平上显著更高；发生医疗支出的概率随着
教育年限的增加而提高，但医疗支出金额与教育年限的关系并不显著；与不
工作相比，工作的参保者的医疗支出金额更低，原因在于工作的参保者的健
康状况更好（见表3-17）；与非农业户口相比，农业户口参保者的医疗支出
金额更低；与西部地区相比，东部地区和中部地区参保者发生医疗支出的概
率更低，但是东部地区参保者的医疗支出金额更高，说明东部地区参保者医
疗服务利用的程度更高。

3.5.4 城居保不同收入群体的医保报销情况

表3-19给出城居保医保报销两部模型的估计结果，可以发现：在控制年龄、性别、婚姻状态、教育年限等其他因素的条件下，发生医疗支出的群体中前三个收入等份组发生医保报销的概率都在1%的显著性水平上分别比最高收入等份组低21.9%、14.8%和12.9%，第4等份组在5%的显著性水平上比最高收入等份组低5.4%；发生医疗支出且发生医保报销的群体中前两个收入等份组的医保报销金额都在1%的显著性水平上分别比最高收入等份组低96.6%和56.8%，第3等份组在5%的显著性水平上比最高收入等份组低28.0%。结合表3-17城居保健康状况Probit模型的估计结果和表3-18城居保医疗支出Heckman选择模型的估计结果，可以看出，健康状况更差的低收入群体不仅医疗服务利用的概率和程度更低，而且其获得医保报销的概率和金额也更低，因此，城居保存在明显的与收入相关的受益不公平现象。

表3-19 城居保医保报销两部模型

变量		第一部分	第二部分
收入五等份组（5为基准组）	1	-0.219*** (0.024)	-0.966*** (0.144)
	2	-0.148*** (0.025)	-0.568*** (0.144)
	3	-0.129*** (0.025)	-0.280** (0.132)
	4	-0.054** (0.025)	-0.144 (0.120)
健康较差		0.075*** (0.027)	0.319** (0.134)

续表

变量		第一部分	第二部分
身体不适		0.075 *** （0.025）	0.569 *** （0.121）
年龄		0.006 *** （0.001）	− 0.003 （0.018）
年龄平方			0.000 * （0.000）
男性		− 0.047 ** （0.020）	− 0.145 （0.092）
有配偶		− 0.005 （0.036）	0.174 （0.152）
教育年限		0.013 *** （0.003）	0.022 （0.014）
工作		− 0.019 （0.021）	0.093 （0.101）
户主		0.045 ** （0.020）	− 0.023 （0.093）
农业户口		0.014 （0.026）	− 0.385 *** （0.130）
地区 （西部为基准组）	东部	0.148 *** （0.023）	0.383 *** （0.108）
	中部	− 0.074 *** （0.023）	− 0.031 （0.134）
与人同住		0.082 ** （0.040）	
常数项			5.712 *** （0.530）
样本量		2776	1057

注：（1）两部模型的第一部分汇报的是边际效应。（2）***、**、*分别表示在1%、5%和10%水平上显著。（3）括号内汇报的是稳健标准差。

资料来源：CHFS 2013。

其他控制变量的估计系数表明：健康较差和身体不适的参保者不仅发生医保报销的概率更高，而且其医保报销金额也更高；年龄每增加1岁，发生医保报销的概率增加0.6%；与女性相比，男性参保者发生医保报销的概率更低，其医保报销金额也更低但不具有统计显著性；教育年限每增加1年，发生医保报销的概率提高1.3%；户主身份提高了参保者发生医保报销的概率；与非农业户口相比，农业户口参保者的医保报销金额更低；与西部地区相比，东部地区参保者不仅发生医保报销的概率更高，而且其医保报销金额也更高，而中部地区参保者发生医保报销的概率更低，但是医保报销金额与中部地区的关系不显著；"与人同住"变量在5%水平上显著提高了发生医保报销的概率。

3.6 新农合的受益公平分析

3.6.1 新农合的受益归宿情况

表3-20给出新农合的受益归宿情况。从初始收入上看，新农合参保者之间具有明显的收入差距：最低20%等份组的初始收入占比不到3%，而最高20%等份组的初始收入占比接近57%。初始收入累计比显著低于人口累计百分比，正如占优检验结果所示，初始收入的洛伦兹曲线被平等线严格占优。

表3-20　　　　　　　　　　　　　　新农合的受益归宿

累计百分比（%）	初始收入	健康较差	身体不适	医疗支出	医保报销	自付支出
20	**2.61**	**22.14**[*]	19.16[*]	**6.88**[*]	**5.21**[*]	**7.32**[*]
	(0.05)	(0.22)	(0.19)	(0.07)	(0.05)	(0.07)
40	**10.02**	**47.67**[*]	**41.95**[*]	**24.22**[*]	**19.37**[*]	**25.49**[*]
	(0.18)	(0.48)	(0.42)	(0.24)	(0.19)	(0.25)

续表

累计百分比（%）	初始收入	健康较差	身体不适	医疗支出	医保报销	自付支出
60	**22. 85**	**70. 10** *	**63. 81** *	**44. 62** *	**38. 45** *	**46. 22** *
	(0. 38)	(0. 70)	(0. 64)	(0. 45)	(0. 38)	(0. 46)
80	**43. 31**	**88. 35** *	**84. 47** *	**68. 80** *	**65. 56** *	**69. 64** *
	(0. 68)	(0. 88)	(0. 84)	(0. 69)	(0. 66)	(0. 70)
集中指数	不适用	− 0. 1158	− 0. 0402	0. 2339	0. 2985	0. 2170
Kakwani 指数	不适用	− 0. 6521	− 0. 5765	− 0. 3024	− 0. 2378	− 0. 3193
平等线	− *	× *	× *	− *	− *	− *
洛伦兹曲线	不适用	+ *	+ *	+ *	+	+ *

注：（1）表中第 1 列是按初始收入排序的人口累计百分比，第 2～5 行汇报的是初始收入、健康较差、身体不适、医疗支出、医保报销和自付支出的累计百分比，括号内的数字为标准差。其中粗体表示与人口累计百分比在 5% 水平上存在显著差异，* 表示与初始收入累计百分比在 5% 水平上存在显著差异。（2）表中最后两行汇报的是占优检验，其中空白单元格表示使用多重比较方法在 5% 的显著性水平上不能拒绝曲线无差异的原假设，＋/－/× 表示拒绝原假设，支持占优/相交的存在，＋是指占优平等线或洛伦兹曲线，即关注变量比均等分布或初始收入更集中于低收入群体，－是指被平等线或洛伦兹曲线占优，×是指与平等线或洛伦兹曲线相交。* 表示使用交叉结合原则在 5% 的显著性水平上拒绝原假设，存在更严格的占优，占优的方向同上，由 ＋/－/× 表示。

资料来源：CHFS 2013。

从健康状况上看，最高 20% 等份组的健康较差占比和身体不适占比最低，分别是 11. 65% 和 15. 53%，说明新农合高收入群体的健康状况更好。健康较差累计比和身体不适累计比都显著高于人口累计比（新农合身体不适的前 20% 累计比除外）和初始收入累计比，图 3 − 10 和图 3 − 11 的集中曲线以及表 3 − 20 的占优检验结果表明，虽然健康较差和身体不适的集中曲线的大部分都位于平等线上方，但是这两条集中曲线都严格与平等线相交、严格占优洛伦兹曲线。集中指数和 Kakwani 指数显示，低收入群体的健康状况更差，并且相对于初始收入分布，健康状况的分布更加不均衡。

从医疗支出、医保报销和自付支出上看，医疗支出占比、医保报销占比和自付支出占比都随着收入的增加而提高，并且前三个等份组的医保报销占比低于医疗支出占比、医疗支出占比低于自付支出占比，最后两个等份组的医保报销占比高于医疗支出占比、医疗支出占比高于自付支出占比，其中最低 20% 等份组的医保报销占比是 5. 21%，而最高 20% 等份组的医保报销占比

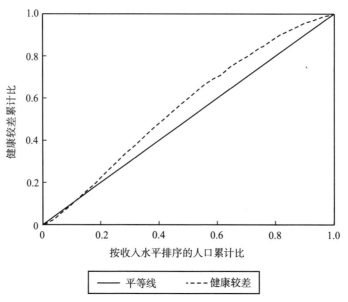

图 3 – 10　新农合健康较差的集中曲线

资料来源：CHFS 2013。

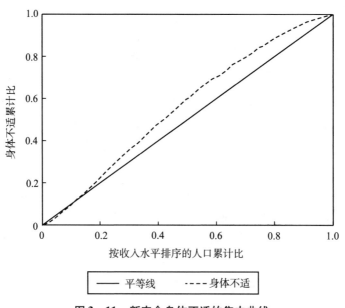

图 3 – 11　新农合身体不适的集中曲线

资料来源：CHFS 2013。

是 34.44%，可见新农合高低收入群体之间的医保受益差异明显。医疗支出累计比、医保报销累计比和自付支出累计比都显著低于人口累计比，但都显著高于初始收入累计比，图 3 - 12 的集中曲线和表 3 - 20 的占优检验结果表明，医疗支出、医保报销和自付支出的集中曲线都位于平等线和洛伦兹曲线之间，并且医疗支出略高于自付支出，自付支出高于医保报销。集中指数显示，医疗支出、医保报销和自付支出都集中于高收入群体，并且医保报销的集中程度更大；Kakwani 指数表明，医疗支出和自付支出是累退的，并且自付支出的累退程度更大，医保报销是累进的，这意味着虽然医保报销的分布是绝对不公平的，但是医保报销缩小了初始收入差距，是相对公平的。

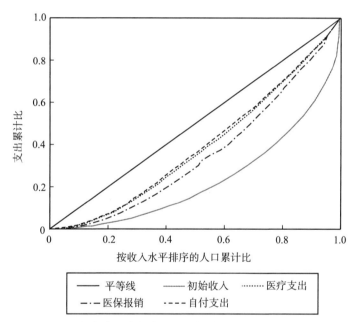

图 3 - 12　新农合医疗支出、医保报销和自付支出的集中曲线

资料来源：CHFS 2013。

3.6.2　新农合不同收入群体的健康状况

表 3 - 21 给出新农合健康状况 Probit 模型的估计结果，可以看出：在其

他因素保持不变的条件下，前四个收入等份组健康较差的概率在1%水平上显著高于最高收入等份组，第2、第3、第4个收入等份组身体不适的概率在1%水平上显著高于最高收入等份组，说明与最高收入等份组相比，收入越低，健康较差和身体不适的概率越高，因此，新农合存在与收入相关的健康不公平现象。

表3-21　　　　　　　　　　新农合健康状况 Probit 模型

变量		健康较差	身体不适
收入五等份组 （5 为基准组）	1	0.073 *** (0.010)	0.003 (0.010)
	2	0.106 *** (0.010)	0.043 *** (0.010)
	3	0.084 *** (0.010)	0.041 *** (0.010)
	4	0.047 *** (0.010)	0.035 *** (0.010)
年龄		0.005 *** (0.000)	0.003 *** (0.000)
男性		- 0.026 *** (0.008)	- 0.031 *** (0.008)
有配偶		- 0.038 ** (0.015)	- 0.015 (0.015)
教育年限		- 0.011 *** (0.001)	- 0.009 *** (0.001)
工作		- 0.104 *** (0.008)	- 0.105 *** (0.008)
户主		- 0.012 (0.008)	0.008 (0.008)
农业户口		0.048 *** (0.011)	0.034 *** (0.012)

续表

变量		健康较差	身体不适
地区 （西部为基准组）	东部	−0.081 *** (0.006)	−0.064 *** (0.007)
	中部	−0.004 (0.006)	0.001 (0.007)
与人同住		−0.008 (0.014)	−0.009 (0.015)
样本量		19545	19545

注：（1）为考察不同因素对健康较差和身体不适概率的影响，表中汇报的是边际效应。（2）*** 、** 、* 分别表示在 1%、5% 和 10% 水平上显著。（3）括号内汇报的是稳健标准差。

资料来源：CHFS 2013。

其他控制变量的估计系数显示：健康较差和身体不适的概率随着年龄的增加而提高；与女性相比，男性参保者健康较差和身体不适的概率更低；与无配偶相比，有配偶的参保者健康较差的概率更低；健康较差和身体不适的概率随着教育年限的增加而降低；与不工作相比，工作的参保者健康较差和身体不适的概率更低；与非农业户口相比，农业户口参保者健康较差和身体不适的概率更高；与西部地区相比，东部地区参保者健康较差和身体不适的概率更低。

3.6.3 新农合不同收入群体的医疗支出情况

表 3−22 给出新农合医疗支出 Heckman 选择模型的估计结果，可以看出：在其他因素保持不变的条件下，最低收入等份组发生医疗支出的概率在 1% 水平上显著低于最高收入等份组；前四个收入等份组的医疗支出金额都在 1% 的显著性水平上分别比最高收入等份组低 86.1%、44.2%、33.0% 和 24.4%。结合表 3−21 新农合健康状况 Probit 模型的估计结果，可以发现，虽然低收入群体的健康状况更差，但是以医疗支出衡量的医疗服务利用的概率和程度更低，因此，新农合存在与收入相关的医疗服务利用不公平现象。

表 3 – 22 新农合医疗支出 Heckman 选择模型

变量		选择方程	结果方程
收入五等份组 （5 为基准组）	1	− 0. 253 *** （0. 031）	− 0. 861 *** （0. 041）
	2	0. 028 （0. 031）	− 0. 442 *** （0. 041）
	3	0. 032 （0. 031）	− 0. 330 *** （0. 041）
	4	0. 027 （0. 031）	− 0. 244 *** （0. 042）
健康较差		0. 398 *** （0. 028）	0. 270 *** （0. 032）
身体不适		0. 466 *** （0. 027）	0. 421 *** （0. 031）
年龄		0. 004 （0. 005）	0. 003 （0. 007）
年龄平方		0. 000 （0. 000）	0. 000 （0. 000）
男性		− 0. 236 *** （0. 028）	− 0. 022 （0. 038）
有配偶		− 0. 071 （0. 046）	0. 102 * （0. 054）
教育年限		0. 009 *** （0. 003）	− 0. 005 （0. 004）
工作		0. 108 *** （0. 025）	− 0. 276 *** （0. 031）
户主		0. 045 （0. 028）	0. 011 （0. 036）
农业户口		− 0. 002 （0. 040）	− 0. 097 * （0. 052）

续表

变量		选择方程	结果方程
地区 (西部为基准组)	东部	− 0.241 *** (0.024)	0.162 *** (0.032)
	中部	− 0.158 *** (0.024)	0.095 *** (0.030)
与人同住		0.039 (0.044)	
常数项		0.172 (0.133)	7.193 *** (0.185)
相关系数		− 0.766 (0.025)	
样本量		19545	

注：（1）Heckman 选择模型的选择方程汇报的是估计系数而不是边际效应。（2） *** 、 ** 、 *
分别表示在1% 、5% 和10% 水平上显著。（3）括号内汇报的是稳健标准差。
资料来源：CHFS 2013。

其他控制变量的估计系数显示：健康较差和身体不适的参保者不仅发生
医疗支出的概率更高，而且其医疗支出金额也更高，这符合预期；与女性相
比，男性参保者发生医疗支出的概率更低；与无配偶相比，有配偶的参保者
的医疗支出金额在 10% 水平上显著更高；发生医疗支出的概率随着教育年限
的增加而提高；与不工作相比，工作的参保者发生医疗支出的概率更高，但
其医疗支出金额也更低，结合表 3 – 21，可以发现，工作的参保者不仅健康
状况更好，而且在患病时及时就医的概率更大，因此其医疗支出金额显著更
低；与西部地区相比，东部地区和中部地区参保者发生医疗支出的概率更低，
但是二者的医疗支出金额却更高，说明东部地区和中部地区参保者医疗服务
利用的程度更高。

3.6.4 新农合不同收入群体的医保报销情况

表 3 – 23 给出新农合医保报销 Heckman 选择模型的估计结果，可以看

出：在其他因素保持不变的条件下，前三个收入等份组发生医保报销的概率都在1%水平上显著低于最高收入等份组；前三个收入等份组的医保报销金额都在1%的显著性水平上分别比最高收入等份组低100.6%、43.7%和32.8%，第4等份组在10%的显著性水平上比最高收入等份组低15.2%。结合表3-21新农合健康状况Probit模型的估计结果和表3-22新农合医疗支出Heckman选择模型的估计结果，可以看出，健康状况更差的低收入群体不仅医疗服务利用的概率和程度更低，而且其获得医保报销的概率和金额也更低，因此，新农合存在明显的与收入相关的受益不公平现象。

表3-23　　　　　　　　　新农合医保报销Heckman选择模型

变量		选择方程	结果方程
收入五等份组 （5为基准组）	1	-0.254*** (0.038)	-1.006*** (0.082)
	2	-0.159*** (0.036)	-0.437*** (0.079)
	3	-0.109*** (0.036)	-0.328*** (0.081)
	4	-0.055 (0.036)	-0.152* (0.080)
健康较差		0.022 (0.028)	0.293*** (0.058)
身体不适		0.173*** (0.027)	0.444*** (0.057)
年龄		-0.004 (0.006)	-0.025* (0.013)
年龄平方		0.000*** (0.000)	0.000 (0.000)
男性		-0.074** (0.033)	0.047 (0.075)
有配偶		0.023 (0.052)	0.046 (0.105)

续表

变量		选择方程	结果方程
教育年限		−0.001 (0.004)	0.014 * (0.008)
工作		0.073 *** (0.028)	−0.381 *** (0.061)
户主		−0.007 (0.033)	0.068 (0.074)
农业户口		0.073 (0.048)	−0.217 ** (0.106)
地区 （西部为基准组）	东部	−0.085 *** (0.028)	0.066 (0.060)
	中部	−0.135 *** (0.027)	0.103 * (0.059)
与人同住		0.114 ** (0.047)	
常数项		−0.675 *** (0.154)	8.716 *** (0.362)
相关系数		−0.867 (0.019)	
样本量		13320	

注：（1）Heckman 选择模型的选择方程汇报的是估计系数而不是边际效应。（2） ***、**、*
分别表示在 1%、5% 和 10% 水平上显著。（3）括号内汇报的是稳健标准差。
资料来源：CHFS 2013。

其他控制变量的估计系数显示：健康较差的参保者发生医保报销的概率
为正值但不具有统计显著性，其医保报销金额在 1% 水平上显著更高；身体
不适的参保者不仅发生医保报销的概率更高，而且其医保报销金额也更高；
与女性相比，男性参保者发生医保报销的概率更低；医保报销金额在 10% 的
显著性水平上随着教育年限的增加而提高；与不工作相比，工作的参保者发
生医保报销的概率更高，但是其医保报销金额更低；与非农业户口相比，农

业户口参保者的医保报销金额更低；与西部地区相比，东部地区和中部地区参保者发生医保报销的概率更低，而其医保报销金额更高，但是医保报销金额与东部地区的关系不显著；"与人同住"变量在5%水平上显著提高了发生医保报销的概率。

3.7　制度间的比较分析

3.7.1　受益归宿分析结果的比较

结合表 3 - 8、表 3 - 12、表 3 - 16 和表 3 - 20，制度间受益归宿分析结果的比较发现：

第一，从绝对公平上看，健康较差和身体不适的集中指数的绝对值都在城居保中最大，其次是城职保，在新农合中最小，说明在城居保中健康状况不好集中于低收入群体的程度最大，绝对最不公平；医疗支出和医保报销的集中指数都在城居保中最大，其次是新农合，在城职保中最小，说明在城居保中医疗支出和医疗报销向高收入群体倾斜的程度最大，绝对不公平程度最大；自付支出的集中指数在新农合中最大，其次是城居保，城职保的绝对不公平程度最小。

第二，从相对公平上看，健康较差和身体不适的 Kakwani 指数的绝对值都在城居保中最大，其中健康较差在城职保中最小，身体不适在新农合中最小，说明在城居保中健康状况的分布相对于初始收入分布来说最不均衡；医疗支出和自付支出的 Kakwani 指数的绝对值在城居保中最大，其中医疗支出在城职保中最小，自付支出在新农合中最小，说明在城居保中医疗支出和自付支出的累退性最强，相对不公平程度最大；医保报销的 Kakwani 指数的绝对值在城职保中最大，其次是新农合，在城居保中最小，说明在城职保中医保报销的累进性最强，相对最公平。

表 3 - 24 给出初始收入的洛伦兹曲线以及健康较差、身体不适、医疗支出、医保报销和自付支出的集中曲线在两两基本医疗保险制度之间的占优检验结果。

表 3 – 24   三项基本医疗保险制度之间的洛伦兹曲线和集中曲线的占优检验

初始收入	城居保	新农合	健康较差	城居保	新农合
城职保	+ *	+	城职保		+
城居保	不适用		城居保	不适用	
身体不适	城居保	新农合	医疗支出	城居保	新农合
城职保		+	城职保	+	+
城居保	不适用	+	城居保	不适用	
医保报销	城居保	新农合	自付支出	城居保	新农合
城职保	+	+	城职保	+	+ *
城居保	不适用	–	城居保	不适用	+

注:(1)以行为基准,即分别检验城职保与城居保或新农合、城居保与新农合,两两制度之间初始收入的洛伦兹曲线以及健康较差、身体不适、医疗支出、医保报销和自付支出的集中曲线的占优情况。(2)+/–/×表示拒绝原假设,支持占优/相交的存在,+是指占优平等线或洛伦兹曲线,即关注变量比均等分布或初始收入更集中于低收入群体,–是被占优平等线或洛伦兹曲线占优,×是指与平等线或洛伦兹曲线相交。*表示使用交叉结合原则在5%的显著性水平上拒绝原假设,存在更严格的占优,占优的方向同上,由+/–/×表示。

资料来源:CHFS 2013。

根据表 3 – 24 可以得出以下结论:

(1)从初始收入的洛伦兹曲线上看,城职保严格占优城居保、占优新农合,而城居保与新农合之间即使采用不太严格的多重比较方法也在5%的显著性水平上不能拒绝曲线无差异的原假设,说明初始收入的分布在城职保中比在城居保和新农合中更有利于低收入群体。

(2)从健康状况上看,城职保健康较差的集中曲线占优新农合,城职保和城居保身体不适的集中曲线占优新农合,而健康较差的集中曲线在城职保和新农合与城居保之间、身体不适的集中曲线在城职保与城居保之间都没有显著差异,说明新农合健康较差集中于低收入群体的程度比城职保小、新农合身体不适集中于低收入群体的程度同时小于城职保和城居保。

(3)从医疗支出、医保报销和自付支出的集中曲线上看,城职保同时占优城居保和新农合,其中对自付支出来说,城职保严格占优新农合,说明在城职保中,低收入群体医疗支出、医保报销和自付支出的分布都显著高于城居保和新农合,这与集中指数的结果相一致;在城居保和新农合之间,医疗支出的集中曲线没有显著差异，但新农合医保报销的集中曲线占优城居保，城居保自付支出的集中曲线占优新农合，说明在新农合中，低收入群体医保报销的分布显著高于城居保，相应的城居保低收入群体自付支出的分布显著高于新农合。

3.7.2　计量分析结果的比较

结合表 3 - 9 至表 3 - 11、表 3 - 13 至表 3 - 15、表 3 - 17 至表 3 - 19 和表 3 - 21 至表 3 - 23，制度间计量分析结果的比较发现：

（1）从健康状况上看，在控制年龄、性别、婚姻状态、教育年限等其他因素的条件下，中国基本医疗保险制度全样本前四个收入等份组健康较差和身体不适的概率分别比最高收入等份组高 7.3% 和 3.8%、7.8% 和 5.1%、4.1% 和 4.3%、1.5% 和 1.3%；城居保身体不适的概率、新农合健康较差和身体不适的概率均高于城职保。具体到三项基本医疗保险制度，不论因变量是健康较差还是身体不适，城职保前两个收入等份组的估计系数均为正值且显著，城居保前三个收入等份组和新农合前四个收入等份组的估计系数都在 1% 水平上显著高于最高收入等份组（新农合身体不适的第 1 等份组除外，其估计系数是正值，但不显著）。因此，中国基本医疗保险制度存在与收入相关的健康不公平现象，从制度间的比较上看，城职保的健康状况好于城居保和新农合。

（2）从医疗支出情况上看，在控制其他因素的影响之后，中国基本医疗保险制度全样本最低收入等份组发生医疗支出的概率显著低于最高收入等份组；前四个收入等份组的医疗支出金额都在 1% 的显著性水平上分别比最高收入等份组低 87.9%、53.6%、40.6% 和 26.5%；与城职保相比，城居保和新农合参保者发生医疗支出的概率都在 1% 水平上显著更低，并且其医疗支出金额分别在 10% 和 1% 的显著性水平上低 5.3% 和 12.9%。具体到三项基本医疗保险制度，最低收入等份组发生医疗支出的概率都在 1% 水平上显著低于最高收入等份组；前四个收入等份组的医疗支出金额都在 1% 水平上显著低于最高收入等份组（城居保第 4 等份组除外，其估计系数在 10% 水平上显著），并且个体所属的收入等份组越低，其医疗支出金额与最高收入等份组的差距越大，城职保前四个收入等份组的医疗支出金额分别比最高收入等份组低 52.6%、40.5%、28.9% 和 13.3%，城居保前四个收入等份组的医疗支出金额分别比最高收入等份组低 67.6%、52.1%、31.4% 和 15.6%，新农合前四个收入等份组的医疗支出金额分别比最高收入等份组低 86.1%、44.2%、33.0% 和 24.4%。制度间的比较发现，城职保前四个收入等份组的医疗支出金额与最高收入等份组的差距最小，其次是城居保（第 2 等份组除外，其估计系数最大），新农合的差距最大。因此，中国基本医疗保险制度存在与收入相关的医疗服务利用不公平现象，从制度间的比较上看，从城职保、城居保到新农合医疗服务利用的不公平性依次增加。

（3）从医保报销情况上看，在控制其他因素的条件下，中国基本医疗保险制度全样本发生医疗支出的群体中前四个收入等份组发生医保报销的概率都在 1% 的显著性水平上分别比最高收入等份组低 14.5%、11.6%、9.0% 和 6.1%，与城职保相比，城居保和新农合参保者发生医保报销的概率都在 1% 的显著性水平上分别低 20.5% 和 21.7%；发生医疗支出且发生医保报销的群体中前四个收入等份组的医保报销金额都在 1% 的显著性水平上分别比最高收入等份组低 116.8%、61.8%、41.9% 和 30.5%，与城职保相比，城居保和新农合的医保报销金额都在 1% 的显著性水平上分别低 13.9% 和 58.6%。具体到三项基本医疗保险制度，城职保和新农合前三个收入等份组以及城居保前四个收入等份组发生医保报销的概率都显著低于最高收入等份组；城职保和新农合前四个收入等份组以及城居保前三个收入等份组的医保报销金额都显著低于最高收入等份组，并且医保报销金额与收入成正比：个体所属的收入等份组越高，其获得的医保报销金额也越多。制度间的比较发现，新农合最低收入等份组的医保报销金额与最高收入等份组的差距最大（100.6%），其次是城居保（96.6%），城职保的差距最小（36.3%）。因此，中国基本医疗保险制度存在与收入相关的医保报销不公平现象，从制度间的比较上看，从城职保、城居保到新农合医保报销的不公平性依次增加。

3.8 本章小结

本章使用具有全国和省级代表性的中国家庭金融调查 2013 年数据，以基本医疗保险制度参保者为研究对象，将健康状况、医疗支出和医保报销同时纳入受益公平的研究框架，在初步分析中国基本医疗保险制度受益归宿情况的基础上，采用 Probit 模型、Heckman 选择模型或两部模型实证分析中国基本医疗保险制度全样本、城职保、城居保和新农合内健康状况、医疗支出情况和医保报销情况的影响因素，进而考察静态上制度间不同的基本医疗保险类型和制度内不同的收入群体之间医疗保险受益的公平性问题。本章的主要结论如下：

通过受益归宿分析，本章发现：第一，从健康状况上看，健康较差和身体不适主要集中于低收入群体，并且相对于初始收入分布，健康状况的分布更加不均衡。制度间的比较分析发现，绝对不公平程度在城居保中最大，其次是城职保，在新农合中最小；相对不公平程度也在城居保中最大，其中健康较差的相对不公平程度在城职保中最小，身体不适的相对不公平程度在新农合中最小。第二，从医疗支出、医保报销和自付支出上看，这三个变量都集中于高收入群体，其中医保报销的集中程度更大，自付支出的集中程度最小；医疗支出和自付支出是累退的，其中自付支出的累退程度更大，医保报销是累进的，即医保报销缩小了初始收入差距，是相对公平的。制度间的比较分析发现，医疗支出和医保报销的绝对不公平程度都在城居保中最大，其次是新农合，在城职保中最小，自付支出的绝对不公平程度在新农合中最大，其次是城居保，在城职保中最小；医疗支出和自付支出的相对不公平程度在城居保中最大，其中医疗支出的相对不公平程度在城职保中最小，自付支出的相对不公平程度在新农合中最小，医保报销的相对公平程度在城职保中最大，其次是新农合，在城居保中最小。

通过计量分析，本章发现：第一，中国基本医疗保险制度存在与收入相关的健康不公平现象，从制度间的比较上看，城职保的健康状况好于城居保和新农合。在控制年龄、性别、婚姻状态、教育年限等其他因素的条件下，不论因变量是健康较差还是身体不适，全样本前四个收入等份组、城职保前两个收入等份组、城居保前三个收入等份组和新农合前四个收入等份组的估计系数都显著高于最高收入等份组（新农合身体不适的第 1 等份组除外，其估计系数是正值，但不显著），并且在全样本中，城居保身体不适的概率、新农合健康较差和身体不适的概率均高于城职保。第二，中国基本医疗保险制度存在与收入相关的医疗服务利用不公平现象，从制度间的比较上看，从城职保、城居保到新农合医疗服务利用的不公平性依次增加。在控制其他因素的影响之后，在全样本、城职保、城居保和新农合中，最低收入等份组发生医疗支出的概率都在 1% 水平上显著低于最高收入等份组，前四个收入等份组的医疗支出金额都在 1% 水平上显著低于最高收入等份组（城居保第 4 等份组除外，其估计系数在 10% 水平上显著），并且个体所属的收入等份组越低，其医疗支出金额与最高收入等份组的差距越大，这些差距在城职保中最小，其次是城居保（第 2 等份组除外，其估计系数最大），在新农合中最大。在全样本中，与城职保相比，城居保和新农合参保者发生医疗支出的概率都在 1% 水平上显著更低，并且其医疗支出金额分别在 10% 和 1% 的显著性水平上低 5.3% 和 12.9%。第三，中国基本医疗保险制度存在与收入相关的医保报销不公平现象，从制度间的比较上看，从城职保、城居保到新农合医保报销的不公平性依次增加。在控制其他因素的条件下，全样本和城居保前四个收入等份组以及城职保和新农合前三个收入等份组发生医保报销的概率都显著低于最高收入等份组，全样本、城职保和新农合前四个收入等份组以及城居保前三个收入等份组的医保报销金额都显著低于最高收入等份组，并且医保报销金额与收入成正比：个体所属的收入等份组越高，其获得的医保报销金额也越多，最低收入等份组和最高收入等份组之间医保报销金额的差距在新农合中最大（100.6%），其次是城居保（96.6%），在城职保中最小（36.3%）。在全样本中，与城职保相比，城居保和新农合参保者发生医保报销的概率都在 1% 的显著性水平上分别低 20.5% 和 21.7%，并且其医保报销金额都在 1% 的显著性水平上分别低 13.9% 和 58.6%。

综上所述，中国基本医疗保险制度存在明显的与收入相关的受益不公平现象：健康状况更差的低收入群体不仅医疗服务利用的概率和程度更低，而且获得医保报销的概率和金额也更低，这种受益不公平现象在新农合中最为明显，城居保次之，城职保的公平性最好。

第 4 章
国家层面基本医疗保险制度的
收入再分配效应

在中国现有医疗保险制度的设计下，三项基本医疗保险制度大多以个体为单位参保，一个家庭内部存在成员参加多项基本医疗保险制度的现象，例如，一个城镇居民家庭的成员既有参加城职保的，也有参加城居保的。如果以家庭为单位，就不能准确区分和估计每项基本医疗保险制度的政策效果。另外，三项基本医疗保险制度的保费筹集和待遇补偿都是以个体为单位进行的，再加上疾病发生风险和就医情况具有个体差异性，以个体为分析单位更能反映不同基本医疗保险制度对个体效用的影响。因此本章仍然使用具有全国和省级代表性的大样本微观调查数据——中国家庭金融调查 2013 年数据，在国家层面以参加基本医疗保险制度的个体为研究对象，聚焦于医保受益对收入差距的影响，直接考察医疗支出和医保报销环节对初始收入的影响，计算的都是收入再分配的最终效应，并且本章使用 AJL 方法将收入再分配的最终效应分解为垂直效应、水平不公平效应和再排序效应，以更加全面地考察影响收入再分配的因素及其影响程度。

4.1　研究思路和方法

4.1.1　研究思路

本章在国家层面基于医保受益的视角以参保个体为研究对象，根据中国基本医疗保险制度及其构成，依次对全样本、城职保、城居保和新农合医疗支出和医保报销环节收入再分配的最终效应进行实证分析，研究思路如下：首先，测算五等份组在医疗支出和医保报销环节前后的收入情况和收入分布以及这两个环节的初始收入占比（以下简称"预算份额"）和医疗支出的自付比例情况，初步评价医疗服务利用和医保受益情况及其对收入的影响；其次，使用 MT 指数测算医疗支出环节收入再分配的最终效应，并使用 AJL 方法将其分解为垂直效应、水平不公平效应和再排序效应，详细评估医疗支出环节对初始收入的影响及其影响因素；最后，使用 MT 指数测算医保报销环节收入再分配的最终效应，并使用 AJL 方法将其分解为垂直效应、水平不公平效应和再排序效应，详细评估医保报销环节对初始收入的影响及其影响因素。

4.1.2 研究方法

为了研究医保受益的收入再分配效应，本章首先考察医疗支出对初始收入的影响，然后考察医疗支出和医保报销结合起来对初始收入的净影响，即自付支出对初始收入的影响。使用 MT 指数（Musgrave and Thin，1948）计算收入再分配效应的公式如下：

$$MT = G_X - G_{X-P} \qquad\qquad (4-1)$$

其中，G_X 是初始收入的基尼系数，G_{X-P} 是医疗支出后收入或自付支出后收入的基尼系数，$MT > 0$（< 0）表示收入再分配效应为正（负）；$MT = 0$ 表示没有收入再分配效应。

与收入再分配效应相关的公平分为垂直公平和水平公平，前者是指不同收入个体得到不同对待，后者是指同等收入个体得到同等对待。目前常用的收入再分配效应的分解方法主要有三种：第一种是阿特金森（Atkinson，1980）、普拉尼克（Plotnick，1981）和卡克瓦尼（Kakwani，1984）先后提出的 APK 方法，该方法将收入再分配效应分解为垂直效应和再排序效应，其中再排序效应关注的是支出后收入的排序变化对收入再分配的影响；第二种是阿伦森等（Aronson et al.，1994）提出的 AJL 方法，该方法在 APK 方法考虑再排序效应的基础上，进一步考虑了同等收入个体得到不同等对待，即水平不公平对收入再分配的影响，将收入再分配效应分解为垂直效应、水平不公平效应和再排序效应；第三种是乌尔班和兰伯特（Urban and Lambert, 2008）提出的 UL 方法，与 AJL 方法类似，该方法也将收入再分配效应分解为垂直效应、水平不公平效应和再排序效应，但是该方法进一步细化了再排序效应，考虑了组间再排序和组内再排序对收入再分配的影响，并且重新定义了垂直效应和水平不公平效应。这三种收入再分配分解方法的计算公式和关系见表 4 - 1。

表 4 - 1   三种收入再分配效应分解方法的比较

类别	APK	AJL	UL
收入再分配效应	$MT = V^K - R^{AP}$	$MT = V^{AJL} - H^{AJL} - R^{AJL}$	$MT = V^{UL} - H^{UL} - R^{UL}$
垂直效应	$V^K = G_X - C_{X-P} = \dfrac{t}{1-t} K_P$ $K_P = C_P - G_X$	$V^{AJL} = G_X - \overline{G}_{X-P} = \dfrac{t}{1-t} \overline{K}_P$ $\overline{K}_P = \overline{C}_P - G_X$	$V^{UL} = V^{AJL} + R^{EG}$
水平不公平效应	无	$H^{AJL} = \displaystyle\sum_{j=1}^{J} \alpha^j G^j_{X-P}$	$H^{UL} = H^{AJL} - R^{WG}$ $V^{UL} - H^{UL} = V^K$
再排序效应	$R^{AP} = G_{X-P} - C_{X-P}$	$R^{AJL} = G_{X-P} - \widetilde{C}_{X-P}$	$R^{UL} = R^{AP} = R^{AJL} + R^{WG} + R^{EG}$

注：V、H 和 R 分别代表垂直效应、水平不公平效应和再排序效应，其中 V^K 代表 Kakwani 垂直效应，R^{AP} 代表 Atkinson-Plotnick 再排序效应，上标 AJL 代表阿伦森等（Aronson et al., 1994）提出的 AJL 方法，上标 UL 代表乌尔班和兰伯特（Urban and Lambert, 2008）提出的 UL 方法，R^{EG} 和 R^{WG} 分别代表组间再排序效应和组内再排序效应。G、C、t 和 K 分别代表基尼系数、集中指数、平均税率和 Kakwani 指数，其中平均税率是指医疗支出或自付支出占初始收入的平均比例，下标 X 代表初始收入，下标 P 代表医疗支出或自付支出，下标 $X-P$ 代表医疗支出后收入或自付支出后收入，对于集中指数，在本章中如果没有特殊标记，都使用初始收入作为排序变量。在 AJL 方法中，G、K 和 C 的上划线￣代表反事实，上标 j 代表第 j 个收入组，C 的上划线 ～ 代表排序，首先对个体按照支出前收入（初始收入）进行排序，然后在每个收入组内，按照个体的支出后收入（医疗支出后收入或自付支出后收入）进行排序。

对于 APK 方法，如果医疗支出或自付支出改变了初始收入排序，医疗支出后收入或自付支出后收入的集中指数 C_{X-P} 一定小于医疗支出后收入或自付支出后收入的基尼系数 G_{X-P}，即再排序效应 R^{AP} 大于 0，MT 指数由此降低，说明医疗支出或自付支出的收入再分配效应减弱；如果医疗支出或自付支出收入排序和初始收入排序相同，$C_{X-P} = G_{X-P}$，说明不存在再排序效应，此时 MT 指数的分解等同于卡克瓦尼（Kakwani, 1977）提出的方法。

对于 AJL 方法，由于样本中很少有个体具有完全相同的支出前收入（初始收入），需要根据初始收入区间，人为建立 J 个初始收入的近似相同收入组，来识别水平不公平。这相当于构建了一个"反事实"的支出系统：使用每个收入组医疗支出或自付支出的平均税率代替个体的真实税率，即每个收入组内的所有个体都采用相同的支出税率，但不同收入组的支出税率不同，由此得到"反事实"的支出后收入。可以发现，这种"反事实"的医疗支出或自付支出不存在水平不公平，因为每个收入组内的所有个体都按照所在组的平均税率发生支出行为。通过计算初始收入的基尼系数 G_X 和支出后收入的组间基尼系数 $\overline{G}_{X-P}$ 的差值可以得到垂直效应 V，其中 $\overline{G}_{X-P}$ 通过将每个收入组内的所有支出后收入替换为该组均值计算。垂直效应同样可以分解平均税率和 Kakwani 指数的函数，此时 $\overline{K}_P$ 是"反事实"支出系统下的 Kakwani 指数，等于支出的组间集中指数 $\overline{C}_P$ 和初始收入的基尼系数 G_X 的差值。如果每个收入组内的所有个体都具有相同的支出后收入，就意味着支出系统是水平公平的，并且不存在再排序。但事实上，每个收入组内成员的医疗支出或自付支出是不同的，这导致水平不公平。水平不公平 H 由 J 个收入组支出后收入的基尼系数 G_{X-P}^j 的加权和衡量，其中权重为第 j 个收入组的人口占比和支出后收入占比的乘积 α_j。由于每个收入组支出后收入的基尼系数都是非负的，水平不公平也是非负的，由于在收入再分配效应分解公式中需要减去这一项，水平不公平只会减弱再分配效应而不是增加，这意味着任何水平不公平都会导致支出后收入分布更加不公平。最后，再排序效应 R 表示个体在从初始收入到支出后收入分配的过程中再排序的程度，等于支出后收入的基尼系数 G_{X-P} 和集中指数 $\tilde{C}_{X-P}$ 的差值，在计算 $\tilde{C}_{X-P}$ 时，首先按照个体的初始收入进行排序，然后在每个收入组内，按照个体的支出后收入进行排序。同样再排序效应不会出现负值，因为支出后收入的集中曲线不会位于支出后收入的洛伦兹曲线下方；如果不存在再排序效应，这两条曲线重合，基尼系数 G_{X-P} 和集中指数 $\tilde{C}_{X-P}$ 相等。

从发展过程上看，APK 分解方法是大部分收入再分配效应研究的基石（Urban，2009），AJL 方法和 UL 方法都是基于它的扩展和升级，这两种方法都考虑了水平不公平的影响，但在具体操作上有所差异，AJL 方法人为选择收入区间来定义近似相同收入组，UL 方法根据能最大化收入再分配效应中的垂直效应的带宽来定义近似收入组，并且在考虑组间再排序和组内再排序的基础上，对垂直效应、水平不公平效应进行了重新定义（详见表 4 - 1）。

在 AJL 方法中，虽然收入区间的选择不会影响水平不公平效应 H 和再排序效应 R 的加总，但会影响 H 和 R 的相对大小：收入区间越大，H 越大，R 越小（Aronson et al.，1994）。正如瓦格斯塔夫和范·多尔斯勒（Wagstaff and van Doorslaer，1997）所指出的那样，不同等支出降低了收入再分配效应，这种降低分为两个部分：一是收入组内支出后收入的不平等（H）；二是随着个体从初始收入到支出后收入的过程中收入分布的变化（R）。在分析中通常使用 H 和 R 来表示水平不公平，使用 V 来表示垂直不公平（解垩，2010）。AJL 方法最初用于税收的收入再分配效应研究，随后也被拓展到卫生筹资的收入再分配效应研究，例如，瓦格斯塔夫和范·多尔斯勒（Wagstaff and van Doorslaer，1997）首次使用该方法研究了荷兰整个卫生筹资体系及其不同筹资来源的收入再分配效应，范·多尔斯勒等（van Doorslaer et al.，1999）研究了 12 个经济合作与发展组织国家卫生筹资的再分配效应，解垩（2010）、柴培培和赵郁馨（2012）以及曹阳等（2015）分别使用 2006 年 CHNS 数据、2008 年天津市数据和 2011 年 CHNS 数据研究了中国卫生筹资的再分配效应。

在 UL 方法中，带宽的选择同时影响垂直效应、水平不公平效应和三种再排序效应，H 会随着带宽减小到 0 而不断趋近于 0，在这一极限条件下，仍然可以区分三种再排序效应，但是将 H 的零值或者接近零的值解释为"不存在水平不公平"会产生误导，此时为了有效测量水平不公平的大小，需要构建一个新的指标（Urban and Lambert，2008）。UL 方法通常用于包括研究税收和转移支付在内的多种财政工具的收入再分配效应，既考察整个财政系统的净影响，也考察每种财政工具对再分配的影响。例如，金姆和兰伯特（Kim and Lambert，2009）研究了美国 1994～2004 年税收和公共转移支付的再分配效应；刘柏惠和寇恩惠（2014）研究了 2002～2009 年中国城镇政府各项转移收支（包括所得税、社会保险缴费等转移支出，以及养老金或离退休金、社会救济收入等转移收入）的收入再分配效应；郭庆旺等（2016）研究了 2007 年中国城镇和农村政府向居民的转移性支出（包括养老金或离退休金以及社会救济收入）对收入再分配的影响；邓大松和贺薇（2018）专门研究了 2014 年中国政府转移性支出对老年人收入再分配的影响；乌尔班（Urban，2016）进一步提出税收和福利对整个财政系统垂直效应和水平效应[①]相对贡献的研究方法；科钦等（Čok et al.，2013）使用该方法比较了斯洛文尼亚和克罗地亚 2007 年税收和社会福利的收入再分配效应。

本章选择 AJL 方法来分解基本医疗保险的收入再分配效应，理由如下：AJL 方法在收入再分配领域的实证研究中最为流行（Urban，2009），并且世界银行发布的两本"健康公平"方面的技术手册在卫生筹资的再分配效应研究中都推荐使用 AJL 方法（O'Donnell et al.，2008；Wagstaff et al.，2011）。

4.2　数据来源和描述性分析

4.2.1　数据说明和来源

从现有的国家层面微观调查数据库上看，同时涉及医疗保险类型、医疗费用和医疗保险支付信息的数据库有中国健康与营养调查（CHNS）、中国老年健康影响因素调查（CLHLS）、中国家庭收入调查（CHIP）、中国健康与养老追踪调查（CHARLS）、中国家庭追踪调查（CFPS）和中国家庭金融调查（CHFS）。

其中，在 CHNS 中，医疗费用和医保支付信息询问的是过去四周的数据，其数值大小会受疾病的季节性和调查时间的影响，不能简单乘以 13 来代表全年真实的医疗支出和医保报销，并且由于医疗保险类型是多选题，无法将医保支付信息对应到具体的医疗保险类型上，既不能区分商业保险和基本医疗保险的差异，也不能区分三项基本医疗保险制度的差异；CLHLS 的调查对象

---

　　① 该研究认为，违背水平公平原则产生水平不公平，水平不公平包括两种：一是违背"经典的水平公平原则"，该原则是指财政前相同收入组应该得到平等对待，如承担相同的净财政负担；二是违背"不再排序原则"，该原则是指财政过程不改变收入单位由财政前收入向财政后收入转变中的排序。

是 65 岁及以上老人，年度医疗费用信息分为门诊和住院两类，均包括总费用和家庭自付费用，但是只知道医疗费用的主要支付者，无法得出每一种医疗保险类型的报销金额；在 CHIP 中，2007 年、2008 年数据详细询问了最近三个月最后一次治病的医疗总费用和报销或减免费用（或个人实际支付），以及年度医疗总费用和个人实际支付，但是无法区分不同医疗保险类型的报销金额，并且医保类型信息无法明确区分三项基本医疗保险制度，2013 年数据询问了包括三项基本医疗保险制度在内的医疗保险参保情况，但是没有询问相应的医疗费用和医疗保险支付情况；CHARLS 的调查对象是 45 岁及以上中老年人，医疗保险的参保类型也是多选题，共 11 个选项，医疗总费用和自付支出分为月度门诊数据、年度住院数据和月度自我治疗数据，并且询问了过去一个月最近一次门诊、过去一年最后一次住院和过去一个月自我治疗的医疗费用报销使用的医疗保险类型，由于是多选题，很难区分不同医疗保险类型的报销金额；在 CFPS 中，2010 年数据仅有住院医疗费用和自付支出，没有对应的医疗保险类型，自 2012 年数据开始，同时询问住院和非住院医疗总费用，以及所有医疗总费用中的自付支出，其中住院总费用还包括了住宿、吃饭、看护等费用，并且询问了享有的医疗保险类型，同样由于是多选题，很难直接得到不同基本医保类型对应的报销金额。由于本章在国家层面的关注点是中国三项基本医疗保险制度的收入再分配效应，研究对象是参加基本医疗保险制度的所有成年人，研究数据要求年度医疗费用包括门诊、住院和自我治疗等所有的治疗性医疗支出，并且能够区分出每项基本医疗保险制度的报销金额，上述五个微观数据库都不满足本章的研究需要。

在 CHFS 中，2013 年数据涵盖全国 29 个省（自治区、直辖市），262 个县（市、区），1048 个村（居委会），共 28141 户家庭，97906 个个体的微观信息，包含个体拥有的最主要的一种社会医疗保险类型（单选题，可以区分三项基本医疗保险制度）、年度治疗性医疗费用和最主要的一种社会医疗保险报销金额，并且该数据是目前国内唯一一个除了具有全国代表性之外还具有省级代表性的微观数据，因此本章使用 2013 年 CHFS 数据来研究国家层面不同基本医疗保险制度的收入再分配效应。

4.2.2　数据处理和描述性分析

由于 CHFS 保险与保障部分只询问受访者及其配偶，在校学生除外，本书删除不符合询问条件的样本 47098 个，同时删除医保类型非城职保、城居保和新农合的样本 8354 个，并删除医疗支出和医保报销等关键信息缺失的样本 1899 个。另外，收入和收入差距是本书分析的核心变量，参照李实等（2017）的做法，本书删除初始收入、医疗支出后收入和医保报销后收入都不是正值的样本 5130 个，最后样本为 35425 个个体，包括城职保 11761 个，城居保 4119 个，新农合 19545 个。

本章涉及的三个收入变量的定义分别如下：初始收入 = 家庭总收入/家庭规模，其中家庭总收入是由 CHFS 提供的综合变量，包括工资薪金收入、农业生产收入、工商业收入、投资性收入和转移性收入五部分，但不包括医保报销；医疗支出后收入 = 初始收入 – 医疗支出；医保报销后收入 = 医疗支出后收入 + 医保报销 = 初始收入 – 自付支出，以下也被称为"自付支出后收入"。

本章使用 Stata 14.2 进行数据预处理，使用世界银行开发的 ADePT 软件进行数据描述和实证分析，使用 Stata 中的 DASP 程序包进行图形绘制。

表 4 – 2 给出了中国基本医疗保险制度不同医保类型下五等份组的收入情况，结果显示：第一，对基本医疗保险制度内所有收入等份组来说，都是医疗支出之后收入下降，医保报销之后收入增加但仍然低于初始收入，这符合医保报销不会超过医疗支出的现实；第二，对不同医保类型下所有收入等份组的初始收入、医疗支出后收入和医保报销后收入来说，都是城职保最高，城居保次之，新农合最低；第三，从不同医保类型下第 5 等份组和第 1 等份组的差值上看，也是城职保最高，城居保次之，新农合最低。上述数据表明，中国三项基本医疗保险制度在初始收入、医疗支出后收入和医保报销后收入方面存在显著差别：城职保的收入水平最高，其次是城居保，新农合最低。

表 4 - 2 基本医疗保险制度五等份组的收入情况 单位：元

收入五等份组		初始收入	医疗支出后收入	医保报销后收入
全样本	1	2617.48	2102.09	2186.55
	2	7635.26	6592.92	6822.92
	3	13516.18	12122.09	12545.12
	4	22818.15	20845.37	21621.02
	5	69407.87	66527.61	67949.22
	合计	23200.87	21639.84	22226.82
城职保	1	9237.75	7970.68	8479.02
	2	18275.79	16310.83	17213.29
	3	26230.88	23673.40	24910.59
	4	37538.60	34447.75	36092.39
	5	103107.94	99821.96	101615.97
	合计	38883.65	36450.31	37667.69
城居保	1	3933.23	3261.14	3368.72
	2	9860.30	8652.97	8936.08
	3	15659.21	13974.25	14459.70
	4	24672.37	22507.03	23414.72
	5	79764.62	77255.32	78333.95
	合计	26783.49	25135.45	25708.06
新农合	1	1696.81	1346.61	1401.48
	2	4824.24	3941.60	4090.75
	3	8342.16	7304.41	7505.51
	4	13310.07	12079.37	12364.91
	5	36862.26	35274.85	35637.56
	合计	13008.91	11991.11	12201.79

资料来源：CHFS 2013。

表 4 - 3 给出了中国基本医疗保险制度不同医保类型下五等份组的收入分布，数据显示：第一，在每项基本医疗保险制度内部，都是医疗支出之后前四个等份组的收入分布下降，第 5 等份组的收入分布增加，医保报销之后前四个等份组的收入分布略微增加，第 5 等份组的收入分布略微降低，但与初

始收入分布相比，前四个等份组的收入分布依然降低，第 5 等份组的收入分布依然增加。可见医保报销在一定程度上缩小了医疗支出之后扩大的收入差距，但是医疗支出和医保报销的差值——自付支出显著扩大了不同收入群体之间的收入差距。第二，从不同医保类型下第 1 等份组的初始收入、医疗支出后收入和医保报销后收入的分布上看，这三种收入分布都在 5% 以下，远低于对应的人口分布 20%，具体来说，城职保的收入分布在 4.3% ~ 4.8% 之间，城居保的收入分布在 2.5% ~ 3.0% 之间，新农合的收入分布在 2.2% ~ 2.7% 之间，并且这三种收入分布从城职保、城居保到新农合依次递减。可见不同医保类型下最低收入群体的收入分布最低，并且新农合的最低，城居保次之，城职保的最高。第三，从不同医保类型下第 5 等份组的初始收入、医疗支出后收入和医保报销后收入的分布上看，这三种收入分布都在 53% 以上，远高于前四个等份组的收入分布之和，具体来说，城居保的收入分布最高，其次是新农合，城职保的最低。可见不同医保类型下最高收入群体的收入分布都是显著最高，并且考虑医疗支出和医保报销之后的医保受益并没有改变其收入地位。

表 4 - 3　　　　　　基本医疗保险制度五等份组的收入分布　　　　单位：%

收入五等份组		初始收入	医疗支出后收入	医保报销后收入
全样本	1	2.26	1.94	1.97
	2	6.58	6.09	6.14
	3	11.65	11.20	11.29
	4	19.67	19.27	19.45
	5	59.84	61.49	61.15
	合计	100.00	100.00	100.00
城职保	1	4.75	4.37	4.50
	2	9.40	8.95	9.14
	3	13.49	12.99	13.23
	4	19.31	18.90	19.16
	5	53.05	54.79	53.97
	合计	100.00	100.00	100.00

收入五等份组		初始收入	医疗支出后收入	医保报销后收入
城居保	1	2.93	2.59	2.62
	2	7.36	6.89	6.95
	3	11.70	11.12	11.25
	4	18.43	17.91	18.22
	5	59.58	61.49	60.96
	合计	100.00	100.00	100.00
新农合	1	2.61	2.25	2.30
	2	7.42	6.57	6.71
	3	12.83	12.18	12.30
	4	20.46	20.15	20.27
	5	56.69	58.85	58.43
	合计	100.00	100.00	100.00

资料来源：CHFS 2013。

表4-4给出了中国基本医疗保险制度不同医保类型下五等份组的医疗支出和医保报销的预算份额以及医疗支出的自付比例，可以发现：第一，在每项基本医疗保险制度内部，医疗支出的预算份额都随着收入等份组的提高而降低；对城职保和新农合来说，医保报销的预算份额随着收入等份组的提高而降低，但城居保前四个等份组医保报销的预算份额随着收入等份组的提高而增加，第5等份组医保报销的预算份额明显下降并低于第1等份组；对城职保和城居保来说，自付比例随着收入等份组的提高而降低，新农合前四个等份组的自付比例也随着收入等份组的提高而降低，第5等份组的自付比例略微提高，但仍显著低于第1等份组；在每项基本医疗保险制度内部，净收入的预算份额都随着收入等份组的提高而增加，即衡量医疗负担的自付支出的预算份额随着收入等份组的提高而降低，说明低收入群体的医疗相对负担更重。第二，从三项基本医疗保险制度的比较上看，新农合医疗支出的预算份额最高，城居保次之，城职保最低（第5等份组除外，比城居保第5等份组高出0.04个百分点），但是城职保医保报销的预算份额显著高于城居保和新农合。

对新农合来说，虽然医疗支出降低初始收入的比例最高，但是医保报销提高初始收入的比例却明显偏低，说明新农合的医保报销待遇较低。自付比例从城职保、城居保到新农合依次提高，而净收入的预算份额从城职保、城居保到新农合依次下降，说明城职保的保障程度最好，其次是城居保，新农合的最差。

表 4 – 4　　　　基本医疗保险制度五等份组的预算份额和自付比例　　　　单位：%

收入五等份组		初始收入	医疗支出	医保报销	自付比例	净收入
全样本	1	100.00	19.69	3.23	83.61	83.54
	2	100.00	13.65	3.01	77.93	89.36
	3	100.00	10.31	3.13	69.66	92.82
	4	100.00	8.65	3.40	60.68	94.75
	5	100.00	4.15	2.05	50.64	97.90
	合计	100.00	6.73	2.53	62.40	95.80
城职保	1	100.00	13.72	5.50	59.88	91.79
	2	100.00	10.75	4.94	54.07	94.19
	3	100.00	9.75	4.72	51.62	94.97
	4	100.00	8.23	4.38	46.79	96.15
	5	100.00	3.19	1.74	45.40	98.55
	合计	100.00	6.26	3.13	49.97	96.87
城居保	1	100.00	17.09	2.74	83.99	85.65
	2	100.00	12.24	2.87	76.55	90.63
	3	100.00	10.76	3.10	71.19	92.34
	4	100.00	8.78	3.68	58.08	94.90
	5	100.00	3.15	1.35	57.01	98.21
	合计	100.00	6.15	2.14	65.26	95.98
新农合	1	100.00	20.64	3.23	84.33	82.59
	2	100.00	18.30	3.09	83.10	84.80
	3	100.00	12.44	2.41	80.62	89.97
	4	100.00	9.25	2.15	76.80	92.90
	5	100.00	4.31	0.98	77.15	96.68
	合计	100.00	7.82	1.62	79.30	93.80

资料来源：CHFS 2013。

4.3 全样本的收入再分配效应

4.3.1 医疗支出环节收入再分配的最终效应

表4-5给出中国基本医疗保险制度全样本医疗支出环节收入再分配的最终效应及其分解。

表4-5 全样本医疗支出环节收入再分配的最终效应及其分解

项目	医疗支出
支出前基尼系数 G_X	0.5685
支出后基尼系数 G_{X-P}	0.5952
平均税率 t	0.0673
Kakwani 指数 $\overline{K}$	−0.2752
垂直效应 V	−0.0199
水平不公平效应 H	0.0046
再排序效应 R	0.0023
收入再分配效应 $MT = V - H - R$	−0.0268
V/MT （%）	74.20
H/MT （%）	−17.31
R/MT （%）	−8.49
MT/G_X （%）	−4.71

资料来源：CHFS 2013。

由表4-5数据结果显示：

初始收入的基尼系数为0.5685，医疗支出后收入的基尼系数为0.5952，MT指数为−0.0268，说明医疗支出的收入再分配效应为负，医疗支出使初始收入差距扩大了4.71%。

从收入再分配效应的构成上看，医疗支出的平均税率为0.0673，说明医疗支出的初始收入占比的均值为 6.73%。当医疗支出存在水平公平时，Kakwani 指数为 -0.2752，说明低收入群体的医疗支出占比高于其初始收入占比，医疗支出是累退的，相应地，医疗支出的垂直效应为负（$V = -0.0199$）。医疗支出的水平不公平效应为 0.0046，说明收入相同个体的医疗支出不同使得收入差距扩大。医疗支出的再排序效应为 0.0023，说明医疗支出之后个体收入排序发生变化也导致收入差距扩大，但收入差距扩大的程度小于水平不公平。

在医疗支出产生负的收入再分配效应中，74.20% 来自垂直不公平，17.31% 来自水平不公平效应，8.49% 来自再排序效应，即 25.80% 来自水平不公平，说明医疗支出同时存在垂直不公平和水平不公平，并且垂直不公平占据主导地位。

4.3.2 医保报销环节收入再分配的最终效应

表 4-6 给出中国基本医疗保险制度全样本自付支出环节收入再分配的最终效应及其分解。

表 4-6 全样本自付支出环节收入再分配的最终效应及其分解

项目	自付支出
支出前基尼系数 G_X	0.5685
支出后基尼系数 G_{X-P}	0.5876
平均税率 t	0.0420
Kakwani 指数 $\overline{K}$	-0.3626
垂直效应 V	-0.0159
水平不公平效应 H	0.0025
再排序效应 R	0.0007
收入再分配效应 $MT = V - H - R$	-0.0191
V/MT（%）	83.24
H/MT（%）	-13.23
R/MT（%）	-3.53
MT/G_X（%）	-3.36

资料来源：CHFS 2013。

由表 4 - 6 数据结果显示：

初始收入的基尼系数为 0.5685，自付支出后收入的基尼系数为 0.5876，MT 指数为 - 0.0191，说明与医疗支出类似，自付支出的收入再分配效应也为负，自付支出使初始收入差距扩大了 3.36%，比医疗支出低 1.35 个百分点，可见医保报销都在一定程度上缩小了由于医疗支出扩大的收入差距，图 4 - 1 不同收入的洛伦兹曲线的位置也验证了这一结论：医保报销后收入的洛伦兹曲线位于初始收入的洛伦兹曲线和医疗支出后收入的洛伦兹曲线之间。

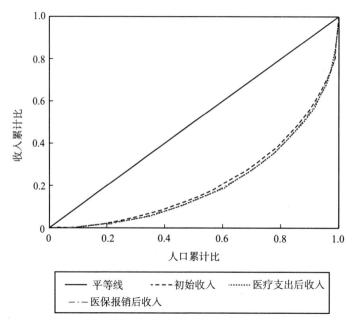

图 4 - 1　全样本不同收入的洛伦兹曲线

资料来源：CHFS 2013。

从收入再分配效应的构成上看，考虑了医保报销之后的自付支出的初始收入占比的均值为 4.20%，可见医保报销的初始收入占比的均值为 2.53%（6.73% - 4.20%）。当自付支出存在水平公平时，Kakwani 指数为 - 0.3626，其绝对值高于医疗支出的 0.2752，说明自付支出也是累退的，并且其累退程度高于医疗支出。但是由于自付支出的平均税率小于医疗支出，自付支出垂直不公平（$V = -0.0159$）的程度好于医疗支出。自付支出的水平不公平效应和再分配效应分别是 0.0025 和 0.0007，二者均小于医疗支出的对应值，说明自付支出水平不公平的程度好于医疗支出。

在考虑了医保报销之后的自付支出负的收入再分配效应中，83.24% 来自垂直不公平，16.76% 来自水平不公平，说明垂直不公平在自付支出不公平中占主导地位。

4.4 城职保的收入再分配效应

4.4.1 医疗支出环节收入再分配的最终效应

表 4 - 7 给出城职保医疗支出环节收入再分配的最终效应及其分解。

表 4 - 7　城职保医疗支出环节收入再分配的最终效应及其分解

项目	医疗支出
支出前基尼系数 G_X	0.4739
支出后基尼系数 G_{X-P}	0.5026
平均税率 t	0.0626
Kakwani 指数 $\overline{K}$	-0.3015
垂直效应 V	-0.0201
水平不公平效应 H	0.0049
再排序效应 R	0.0036
收入再分配效应 $MT = V - H - R$	-0.0286
V/MT（%）	70.26
H/MT（%）	-17.18
R/MT（%）	-12.56
MT/G_X（%）	-6.04

资料来源：CHFS 2013。

由表 4 - 7 数据可以得出以下结论：

初始收入的基尼系数为 0.4739，医疗支出后收入的基尼系数为 0.5026，MT 指数为 - 0.0286，说明医疗支出的收入再分配效应为负，医疗支出使初始收入差距扩大了 6.04%。

从收入再分配效应的构成上看，医疗支出的平均税率为 0.0626，说明医疗支出的初始收入占比的均值为 6.26%。当医疗支出存在水平公平时，Kakwani 指数为 - 0.3015，说明低收入群体的医疗支出占比高于其初始收入占比，医疗支出是累退的，相应地，医疗支出的垂直效应为负（$V = - 0.0201$）。医疗支出的水平不公平效应为 0.0049，说明收入相同个体的医疗支出不同使得收入差距扩大。医疗支出的再排序效应为 0.0036，说明医疗支出之后个体收入排序发生变化也导致收入差距扩大，但收入差距扩大的程度小于水平不公平。

在医疗支出负的收入再分配效应中，70.26% 来自垂直不公平，17.18% 来自水平不公平效应，12.56% 来自再排序效应，即 29.74% 来自水平不公平，说明医疗支出同时存在垂直不公平和水平不公平，并且垂直不公平占据主导地位。

4.4.2 医保报销环节收入再分配的最终效应

表 4 - 8 给出城职保自付支出环节收入再分配的最终效应及其分解。

表 4 - 8   城职保自付支出环节收入再分配的最终效应及其分解

项目	自付支出
支出前基尼系数 G_X	0.4739
支出后基尼系数 G_{X-P}	0.4881
平均税率 t	0.0313
Kakwani 指数 $\overline{K}$	- 0.3478
垂直效应 V	- 0.0112
水平不公平效应 H	0.0021

续表

项目	自付支出
再排序效应 R	0.0009
收入再分配效应 $MT = V - H - R$	- 0.0142
V/MT（%）	79.29
H/MT（%）	- 14.55
R/MT（%）	- 6.15
MT/G_X（%）	- 2.99

资料来源：CHFS 2013。

由表 4 - 8 数据可以得出以下结论：

初始收入的基尼系数为 0.4739，自付支出后收入的基尼系数为 0.4881，MT 指数为 - 0.0142，说明与医疗支出类似，自付支出的收入再分配效应也为负，自付支出使初始收入差距扩大了 2.99%，比医疗支出低 3.05 个百分点，可见医保报销都在一定程度上缩小了由于医疗支出扩大的收入差距，图 4 - 2 不同收入的洛伦兹曲线的位置也验证了这一结论：医保报销后收入的洛伦兹曲线位于初始收入的洛伦兹曲线和医疗支出后收入的洛伦兹曲线之间。

从收入再分配效应的构成上看，考虑了医保报销之后的自付支出的初始收入占比的均值为 3.13%，可见医保报销的初始收入占比的均值为 3.13%（6.26% - 3.13%）。当自付支出存在水平公平时，Kakwani 指数为 - 0.3478，其绝对值高于医疗支出的 0.3015，说明自付支出也是累退的，并且其累退程度高于医疗支出。但是由于自付支出的平均税率小于医疗支出，自付支出垂直不公平（$V = - 0.0112$）的程度好于医疗支出。自付支出的水平不公平效应和再分配效应分别是 0.0021 和 0.0009，二者均小于医疗支出的对应值，说明自付支出水平不公平的程度好于医疗支出。

在考虑了医保报销之后的自付支出负的收入再分配效应中，79.29% 来自垂直不公平，20.70% 来自水平不公平，说明自付支出不公平以垂直不公平为主。

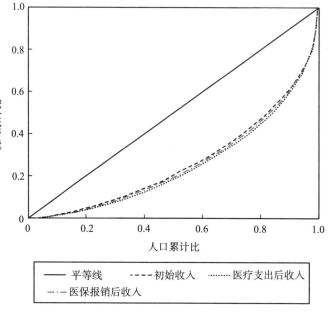

图 4 – 2 城职保不同收入的洛伦兹曲线

资料来源：CHFS 2013。

4.5 城居保的收入再分配效应

4.5.1 医疗支出环节收入再分配的最终效应

表 4 – 9 给出城居保医疗支出环节收入再分配的最终效应及其分解。

表 4 – 9 城居保医疗支出环节收入再分配的最终效应及其分解

项目	医疗支出
支出前基尼系数 G_X	0.5555
支出后基尼系数 G_{X-P}	0.5850
平均税率 t	0.0615

续表

项目	医疗支出
Kakwani 指数 $\overline{K}$	-0.3243
垂直效应 V	-0.0213
水平不公平效应 H	0.0046
再排序效应 R	0.0036
收入再分配效应 $MT = V - H - R$	-0.0295
V/MT（%）	72.10
H/MT（%）	-15.64
R/MT（%）	-12.26
MT/G_X（%）	-5.31

资料来源：CHFS 2013。

由表 4-9 数据结果显示：

初始收入的基尼系数为 0.5555，医疗支出后收入的基尼系数为 0.5850，MT 指数为 -0.0295，说明医疗支出的收入再分配效应为负，医疗支出使初始收入差距扩大了 5.31%。

从收入再分配效应的构成上看，医疗支出的平均税率为 0.0615，说明医疗支出的初始收入占比的均值为 6.15%。当医疗支出存在水平公平时，Kakwani 指数为 -0.3243，说明低收入群体的医疗支出占比高于其初始收入占比，医疗支出是累退的，相应地，医疗支出的垂直效应为负（$V = -0.0213$）。医疗支出的水平不公平效应为 0.0046，说明收入相同个体的医疗支出不同使得收入差距扩大。医疗支出的再排序效应为 0.0036，说明医疗支出之后个体收入排序发生变化也导致收入差距扩大，但收入差距扩大的程度小于水平不公平。

在医疗支出负的收入再分配效应中，72.10% 来自垂直不公平，15.64% 来自水平不公平效应，12.26% 来自再排序效应，即 27.90% 来自水平不公平，说明医疗支出同时存在垂直不公平和水平不公平，并且垂直不公平占据主导地位。

4.5.2 医保报销环节收入再分配的最终效应

表4-10给出城居保自付支出环节收入再分配的最终效应及其分解。

表4-10　　城居保自付支出环节收入再分配的最终效应及其分解

项目	自付支出
支出前基尼系数 G_X	0.5555
支出后基尼系数 G_{X-P}	0.5756
平均税率 t	0.0402
Kakwani 指数 $\overline{K}$	−0.3945
垂直效应 V	−0.0165
水平不公平效应 H	0.0025
再排序效应 R	0.0011
收入再分配效应 $MT = V - H - R$	−0.0201
V/MT（%）	81.95
H/MT（%）	−12.37
R/MT（%）	−5.68
MT/G_X（%）	−3.63

资料来源：CHFS 2013。

由表4-10数据结果显示：

初始收入的基尼系数为0.5555，自付支出后收入的基尼系数为0.5756，MT指数为−0.0201，说明与医疗支出类似，自付支出的收入再分配效应也为负，自付支出使初始收入差距扩大了3.63%，比医疗支出低1.68个百分点，可见医保报销都在一定程度上缩小了由于医疗支出扩大的收入差距，图4-3不同收入的洛伦兹曲线的位置也验证了这一结论：医保报销后收入的洛伦兹曲线位于初始收入的洛伦兹曲线和医疗支出后收入的洛伦兹曲线之间。

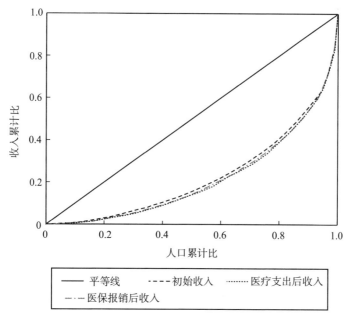

图 4 - 3　城居保不同收入的洛伦兹曲线

资料来源：CHFS 2013。

从收入再分配效应的构成上看，考虑了医保报销之后的自付支出的初始收入占比的均值为 4.02%，可见医保报销的初始收入占比的均值为 2.13%（6.15% - 4.02%）。当自付支出存在水平公平时，Kakwani 指数为 - 0.3945，其绝对值高于医疗支出的 0.3243，说明自付支出也是累退的，并且其累退程度高于医疗支出。但是由于自付支出的平均税率小于医疗支出，自付支出垂直不公平（$V = -0.0165$）的程度好于医疗支出。自付支出的水平不公平效应和再分配效应分别是 0.0025 和 0.0011，二者均小于医疗支出的对应值，说明自付支出水平不公平的程度好于医疗支出。

在考虑了医保报销之后的自付支出负的收入再分配效应中，81.95% 来自垂直不公平，18.05% 来自水平不公平，说明垂直不公平在自付支出不公平中起到主导地位。

4.6 新农合的收入再分配效应

4.6.1 医疗支出环节收入再分配的最终效应

表 4 - 11 给出新农合医疗支出环节收入再分配的最终效应及其分解。

表 4 - 11   新农合医疗支出环节收入再分配的最终效应及其分解

项目	医疗支出
支出前基尼系数 G_X	0.5363
支出后基尼系数 G_{X-P}	0.5714
平均税率 t	0.0782
Kakwani 指数 $\overline{K}$	- 0.2732
垂直效应 V	- 0.0232
水平不公平效应 H	0.0112
再排序效应 R	0.0007
收入再分配效应 $MT = V - H - R$	- 0.0351
V/MT（％）	65.99
H/MT（％）	- 31.90
R/MT（％）	- 2.12
MT/G_X（％）	- 6.55

资料来源：CHFS 2013。

由表 4 - 11 数据结果表明：

初始收入的基尼系数为 0.5363，医疗支出后收入的基尼系数为 0.5714，MT 指数为 - 0.0351，说明医疗支出的收入再分配效应为负，医疗支出使初始收入差距扩大了 6.55％。

从收入再分配效应的构成上看，医疗支出的平均税率为 0.0782，说明医疗支出的初始收入占比的均值为 7.82% 。当医疗支出存在水平公平时，Kakwani 指数为 - 0.2732，说明低收入群体的医疗支出占比高于其初始收入占比，医疗支出是累退的，相应地，医疗支出的垂直效应为负（$V = -0.0232$）。医疗支出的水平不公平效应为 0.0112，说明收入相同个体的医疗支出不同使得收入差距扩大。医疗支出的再排序效应为 0.0007，说明医疗支出之后个体收入排序发生变化也导致收入差距扩大，但收入差距扩大的程度小于水平不公平。

在医疗支出产生负的收入再分配效应中，65.99% 来自垂直不公平，31.90% 来自水平不公平效应，2.12% 来自再排序效应，即 34.01% 来自水平不公平，说明医疗支出同时存在垂直不公平和水平不公平，并且垂直不公平占据主导地位。

4.6.2 医保报销环节收入再分配的最终效应

表 4 - 12 给出新农合自付支出环节收入再分配的最终效应及其分解。

表 4 - 12 新农合自付支出环节收入再分配的最终效应及其分解

项目	自付支出
支出前基尼系数 G_X	0.5363
支出后基尼系数 G_{X-P}	0.5635
平均税率 t	0.0620
Kakwani 指数 $\bar{K}$	- 0.2792
垂直效应 V	- 0.0185
水平不公平效应 H	0.0084
再排序效应 R	0.0004
收入再分配效应 $MT = V - H - R$	- 0.0272
V/MT（%）	67.83
H/MT（%）	- 30.78
R/MT（%）	- 1.40
MT/G_X（%）	- 5.08

资料来源：CHFS 2013。

由表 4 - 12 数据结果表明：

初始收入的基尼系数为 0.5363，自付支出后收入的基尼系数为 0.5635，MT 指数为 -0.0272，说明与医疗支出类似，自付支出的收入再分配效应也为负，自付支出使初始收入差距扩大了 5.08%，比医疗支出低 1.47 个百分点，可见医保报销都在一定程度上缩小了由于医疗支出扩大的收入差距，图 4 - 4 不同收入的洛伦兹曲线的位置也验证了这一结论：医保报销后收入的洛伦兹曲线位于初始收入的洛伦兹曲线和医疗支出后收入的洛伦兹曲线之间。

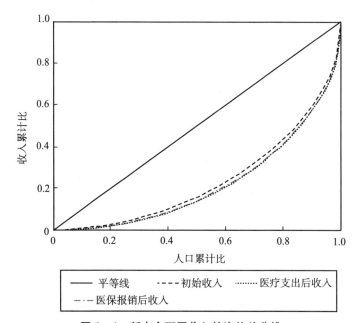

图 4 - 4　新农合不同收入的洛伦兹曲线

资料来源：CHFS 2013。

从收入再分配效应的构成上看，考虑了医保报销之后的自付支出的初始收入占比的均值为 6.20%，可见医保报销的初始收入占比的均值为 1.62%（7.82% - 6.20%）。当自付支出存在水平公平时，Kakwani 指数为 -0.2792，其绝对值略高于医疗支出的 0.2732，说明自付支出也是累退的，并且其累退程度略高于医疗支出。但是由于自付支出的平均税率小于医疗支出，自付支出垂直不公平（$V = -0.0185$）的程度好于医疗支出。自付支出的水平不公平效应和再分配效应分别是 0.0084 和 0.0004，二者均小于医疗支出的对应值，说明自付支出水平不公平的程度好于医疗支出。

在考虑了医保报销之后的自付支出负的收入再分配效应中，67.83% 来自垂直不公平，32.18% 来自水平不公平，说明自付支出不公平以垂直不公平为主。

4.7　制度间的比较分析

从总体上看，中国基本医疗保险制度的收入再分配效应为负，即存在明显的低收入群体补贴高收入群体的"逆向再分配"现象；具体来说，在三项基本医疗保险制度内部，发生医疗支出都扩大了居民之间的收入差距，而医保报销都在一定程度上缩小了由于医疗支出扩大的收入差距，图 4－5 显示的

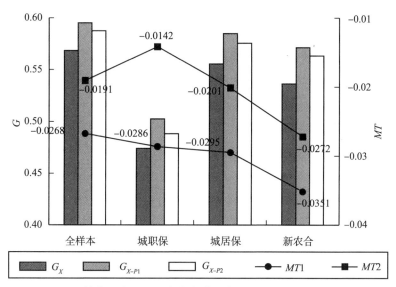

图 4－5　基本医疗保险制度支出前后收入差距和收入再分配效应

注：G_X、G_{X-P1} 和 G_{X-P2} 分别代表初始收入的基尼系数、医疗支出后收入的基尼系数和自付支出后收入的基尼系数；$MT1 = G_X - G_{X-P1}$，$MT2 = G_X - G_{X-P2}$，分别代表医疗支出的收入再分配效应和自付支出的收入再分配效应，二者都是最终效应。

资料来源：CHFS 2013。

不同收入的基尼系数和不同 MT 指数的大小也验证了这一结论：初始收入的基尼系数 < 自付支出后收入的基尼系数 < 医疗支出后收入的基尼系数，医疗支出和自付支出的 MT 指数均为负值，并且从绝对值上看，医疗支出大于自付支出。制度间的比较分析发现，城职保参保者之间的收入差距最小，其次是新农合参保者，城居保参保者之间的收入差距最大；医疗支出扩大初始收入差距的百分比在新农合中最大，其次是城职保，在城居保中最小，自付支出扩大初始收入差距的百分比从新农合、城居保到城职保依次下降，从医保报销对收入分配的调节效果上看，城职保的医保报销缩小由于医疗支出扩大的收入差距的百分比最大，为 50.57%，其次是城居保的 31.70% 和新农合的 22.54%（见图 4-6）。

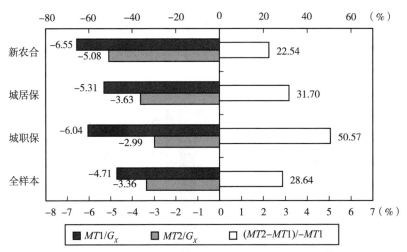

图 4-6 基本医疗保险制度收入再分配效应的初始收入差距占比和医保报销的调节效果

注：$MT1/G_X$ 和 $MT2/G_X$ 分别代表医疗支出收入再分配的最终效应占初始收入差距的百分比和自付支出收入再分配的最终效应占初始收入差距的百分比，衡量的是医疗支出和自付支出扩大或缩小初始收入差距的百分比。根据第 4.2.2 节"数据处理和描述性分析"中的收入定义，自付支出后收入与医保报销后收入等价，$(MT2-MT1)/-MT1 = (G_{X-P1} - G_{X-P2})/(G_{X-P1} - G_X)$，代表医保报销缩小医疗支出后收入差距的绝对程度占医疗支出扩大初始收入差距的绝对程度的百分比，衡量的是医保报销对收入分配的调节效果，即医保报销缩小由于医疗支出扩大的收入差距的百分比。

资料来源：CHFS 2013。

从收入再分配效应的分解上看，中国基本医疗保险制度同时存在垂直不公平和水平不公平，并且垂直不公平占据主导地位：三项基本医疗保险制度的垂直效应均为负值，并且其绝对值和相对分布都远高于水平不公平效应和再排序效应；与自付支出的收入再分配效应好于医疗支出的收入再分配效应相对应，自付支出的垂直效应的绝对值、水平不公平效应和再排序效应均小于医疗支出的对应值，另外从构成比例上看，垂直不公平的主导地位在自付支出中明显高于医疗支出（见图 4 – 7、图 4 – 8）。制度间的比较分析发现，医疗支出和自付支出的垂直不公平从城职保、城居保到新农合依次增加，在水平不公平中，三项基本医疗保险制度都以水平不公平效应为主，并且新农合的水平不公平效应最大，说明"同等收入个体得到不同等对待"的现象在新农合中更为明显；从构成比例上看，医疗支出和自付支出的垂直效应的收入再分配效应占比在城居保中最高，水平不公平效应的收入再分配效应占比在新农合中最高。

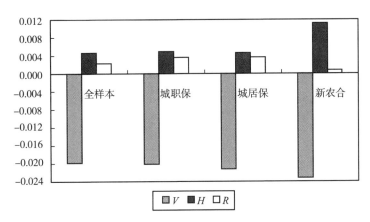

（a）医疗支出收入再分配效应的构成

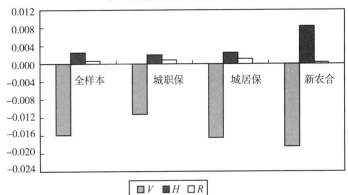

（b）自付支出收入再分配效应的构成

图 4 – 7　基本医疗保险制度收入再分配效应的构成

资料来源：CHFS 2013。

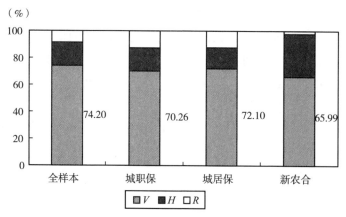

（a）医疗支出收入再分配效应的构成比例

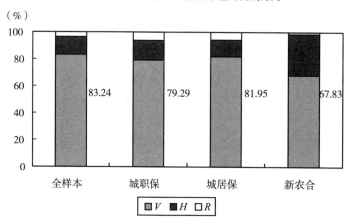

（b）自付支出收入再分配效应的构成比例

图 4 - 8　基本医疗保险制度收入再分配效应的构成比例

资料来源：CHFS 2013。

4.8　本章小结

　　本章在国家层面以参加基本医疗保险制度的个体为研究对象，使用具有全国和省级代表性的中国家庭金融调查 2013 年数据，聚焦于医保受益对收入差距的影响，使用 MT 指数实证分析不同基本医疗保险制度医疗支出和医保报销环节收入再分配的最终效应，并且使用 AJL 方法将其分解为垂直效应、水平不公平效应和再排序效应，以更加全面地考察影响收入再分配的因素及其影响程度。本章主要得出以下结论：

（1）中国基本医疗保险制度收入再分配的最终效应为负。制度间的比较分析发现，医疗支出扩大初始收入差距的百分比在新农合中最大，其次是城职保，在城居保中最小，自付支出扩大初始收入差距的百分比从新农合、城居保到城职保依次下降，从医保报销对收入分配的调节效果上看，城职保的医保报销缩小由于医疗支出扩大的收入差距的百分比最大，为 50.57%，其次是城居保的 31.70% 和新农合的 22.54%。

（2）从最终效应的分解上看，中国基本医疗保险制度同时存在垂直不公平和水平不公平，并且垂直不公平占据主导地位。制度间的比较分析发现，医疗支出和自付支出的垂直不公平从城职保、城居保到新农合依次增加，三项基本医疗保险制度的水平不公平都以水平不公平效应为主，并且"同等收入个体得到不同等对待"的现象在新农合中更为明显；从构成比例上看，医疗支出和自付支出的垂直效应的收入再分配效应占比在城居保中最高，水平不公平效应的收入再分配效应占比在新农合中最高。

第5章
省级层面基本医疗保险制度的
收入再分配效应

在中国，通常以家庭为单位进行收支核算和经济决策，家庭成员之间联系紧密，某位家庭成员发生医疗支出或者获得医保报销都会对整个家庭产生影响，因此，以家庭为单位研究基本医疗保险的收入再分配效应具有重要的现实意义。

从所收集到的家庭数据上看，全国性的数据只有城镇不同收入群体缴纳医疗保险的数据，没有不同收入群体报销医疗费的数据①。从 2012 年第四季度起，国家统计局对分别进行的城乡住户调查实施了一体化改革，统一了城乡居民收入指标名称、分类和统计标准，建立了城乡统一的一体化住户调查《住户收支与生活状况调查》。对于省级数据，陕西省是全国首个自 2013 年起同时公布城镇和农村不同收入群体缴纳医疗保险和报销医疗费数据的省份，辽宁省自 2014 年起公布了城镇不同收入群体缴纳医疗保险和报销医疗费的数据，在本书研究期间，还有北京市自 2015 年起公布了全市不同收入群体缴纳医疗保险和报销医疗费的数据。但是考虑到中国典型的城乡二元结构，城镇和农村在医保政策、医疗资源以及收入水平本身上具有显著差异，本章只使

---

① 详见《中国城市（镇）生活与价格年鉴》，该年鉴按收入等级将城镇居民家庭分为七个收入群体：最低收入户（包括困难户）、低收入户、中等偏下户、中等收入户、中等偏上户、高收入户和最高收入户。除了没有报销医疗费的数据外，该年鉴的另一个缺陷是最新数据只到 2011 年，自 2013 年起，该年鉴停止发布。

用辽宁省城镇和陕西省城乡不同收入群体的数据，在省级层面以家庭为研究对象，使用 MT 指数及其分解方法详细考察基本医疗保险制度运行的全过程——医保缴费、医疗支出和医保报销这三个环节收入再分配的中间效应、最终效应及其影响因素。

5.1 研究思路和方法

5.1.1 研究思路

基本医疗保险制度的收入再分配效应主要是指医保缴费和医保报销对收入差距的影响，考虑到医保报销的前提是发生符合规定的医疗支出，本章也估计了医疗支出对收入分配的影响。因此，本章在省级层面基于医疗保险制度运行过程的视角以家庭为研究对象，分城镇和农村两个样本，实证分析基本医疗保险制度的收入再分配效应及其影响因素的基本思路如下：首先，测算五等份组在医保缴费、医疗支出和医保报销环节前后的收入情况和收入分布以及这三个环节的预算份额和自付比例情况，绘制相应的集中曲线，初步评价医保缴费负担、医疗服务利用和医保受益情况及其对收入的影响；其次，使用 MT 指数依次测算医保缴费、医疗支出和医保报销这三个环节收入再分配的中间效应并将其分解为平均税率和 Kakwani 指数，详细评估基本医疗保险制度的每一个环节对该环节之前收入的影响及其影响因素；再次，将医保缴费、医疗支出和医保报销这三个环节收入再分配的中间效应加总得到收入再分配的最终效应，综合分析整个基本医疗保险制度对收入再分配的调节作用；最后，测算医保缴费、医疗支出和医保报销这三个环节之后的收入差距关于平均税率和的 Kakwani 指数弹性，进一步考察平均税率和 Kakwani 指数对收入再分配效应的影响。

5.1.2 研究方法

在研究方法上，本章使用 MT 指数（Musgrave and Thin，1948）测量收入差距的绝对差异,使用 R 系数测量收入差距的相对差异(金双华和于洁,2017),使用 MT 指数的分解方法(Kakwani,1977)分析影响收入差距的因素。

收入再分配效应的定义有两种:一是医保缴费、医疗支出和医保报销对该环节之前收入状况(依次为初始收入、医保缴费后收入和医疗支出后收入)的影响,是中间效应;二是医保缴费、医疗支出和医保报销环节对初始收入的影响,是最终效应,等于该环节和其之前环节的中间效应之和。设初始收入、医保缴费后收入、医疗支出后收入和医保报销后收入对应的基尼系数分别是 G_0、G_1、G_2、G_3,$i = 1$,2,3 分别代表医保缴费、医疗支出和医保报销这三个环节,两种收入再分配效应的计算公式分别如下:

$$MT_i = G_{i-1} - G_i \qquad\qquad (5-1)$$

$$MT_i^* = G_0 - G_i = \sum_1^i MT_i \qquad\qquad (5-2)$$

$MT > 0$(<0)表示收入再分配效应为正(负),收入差距缩小(扩大);$MT = 0$ 表示收入差距不变。MT_i 衡量中间效应,MT_i^* 衡量最终效应,对于医保缴费的收入再分配效应,$MT_1^* = MT_1$。在中间效应方面,本章还使用 R 系数测量收入差距的相对差异,计算公式如下:

$$R_i = \frac{MT_i}{G_{i-1}} \times 100 \qquad\qquad (5-3)$$

根据卡克瓦尼(Kakwani,1977)的研究,在不考虑医保缴费、医疗支出和医保报销环节之后收入排序变化的情况下[1],衡量中间效应的 MT 指数可以分解为"平均税率"[2] 和累进性指标的函数,计算公式如下:

$$MT_i = \frac{t_i}{1-t_i} K_i \qquad\qquad (5-4)$$

其中 t_i 是平均税率,即医保缴费、医疗支出和医保报销占该环节之前收入的平均比例;K_i 是反映累进性的 Kakwani 指数,定义是医保缴费、医疗支出和

---

① 由于本章使用的都是省份统计年鉴中收入五等份组对应的家庭人均数据,无论是医保缴费、医疗支出,还是医保报销,都没有改变五等份组的收入排序。

② 此处"平均税率"的说法延续了卡克瓦尼(Kakwani,1977)的表述,在税收领域,平均税率是指税收占纳税之前收入的平均比例,为正值。对医保缴费和医疗支出类似税收的变量来说,平均税率为正值;对医保报销类似"负"税收的变量来说,平均税率为负值。

医保报销的集中曲线①和该环节之前收入的洛伦兹曲线之间面积的 2 倍，取值范围是 [-2，1]。由于 Kakwani 指数最早用于税收累进性的研究，医保缴费和医疗支出都属于支出，其累进性的判断类似于税收，当 $K_i > 0$（<0）时，集中曲线位于洛伦兹曲线下（上）方，低收入群体的医保缴费和医疗支出占比低（高）于其收入占比，说明医保缴费和医疗支出是累进（退）的；医保报销作为"负"税收，其累进性的判断与税收相反②，当 $K_i < 0$（>0）时，集中曲线位于洛伦兹曲线上（下）方，低收入群体的医保报销占比高（低）于其收入占比，说明医保报销是累进（退）的。当 $K_i = 0$ 时，集中曲线与洛伦兹曲线重合，说明关注变量是等比例的，对收入分配没有影响。Kakwani 指数衡量相对公平，是评价基本医疗保险制度受益公平情况的一个底线标准，反映关注变量分布相对于收入分布的均衡程度。Kakwani 指数计算公式如下：

$$K_i = C_i - G_{i-1} \qquad (5-5)$$

其中，G_{i-1} 是医保缴费、医疗支出和医保报销环节之前收入的基尼系数；C_i 是反映医保缴费、医疗支出和医保报销分布情况的集中指数，定义是集中曲线和平等线之间面积的 2 倍，取值范围是 [-1，1]。当 $C_i > 0$（<0）时，集中曲线位于平等线下（上）方，说明关注变量的分布集中于高（低）收入群体；当 $C_i = 0$ 时，集中曲线与平等线重合，说明关注变量在人群中均等分布。集中指数衡量绝对公平，用于评价基本医疗保险制度政策目标的实现程度，反映关注变量数值本身的分布情况。为了直观反映医保缴费、医疗支出和医保报销以及自付支出分布的绝对公平和相对公平，本章还绘制了相应的集中曲线。

结合公式（5-1）和公式（5-4），可以得出医保缴费、医疗支出和医保报销环节之后收入的基尼系数 G_i 是该环节之前收入的基尼系数 G_{i-1}、平均税率 t_i 和累进性指标 K_i 的函数，计算公式如下：

$$G_i = G_{i-1} - \frac{t_i}{1-t_i} K_i \qquad (5-6)$$

---

① 本书使用收入变量来衡量社会经济地位，本章在正常情况下应该使用关注变量环节之前收入作为排序变量，由于医保缴费、医疗支出和医保报销都没有改变五等份组的收入排序，本章统一使用初始收入作为排序变量。

② 类似的累进性判断方法参见蔡萌和岳希明（2018），该文献研究的是养老保险、社会救济、低保、报销医疗费等主要政府社会保障支出的收入再分配效应。

由于平均税率可在不改变累进性的情况下变化，医保缴费、医疗支出和医保报销环节之后收入的基尼系数 G_i 关于平均税率 t_i 和累进性指标 K_i 的弹性的计算结果如下：

$$\eta_i^t = -\frac{t_i K_i}{(1-t_i)^2 G_i} \qquad\qquad (5-7)$$

$$\eta_i^K = -\frac{t_i K_i}{(1-t_i)\ G_i} \qquad\qquad (5-8)$$

公式（5-7）和公式（5-8）表明，如果医保缴费、医疗支出和医保报销是累进（退）的，则这两个弹性都小（大）于0，医保缴费、医疗支出和医保报销后收入差距都随着平均税率绝对值和累进（退）程度的增加而降低（增加）。对医保缴费和医疗支出来说，这两个弹性的比值（η_i^t / η_i^K）大于1，说明医保缴费和医疗支出后收入差距对平均税率比对累进性指标的变化更为敏感；对医保报销来说，这两个弹性的比值大于0且小于1，说明医保报销后收入差距对累进性指标比对平均税率的变化更为敏感。

最后，由于本章使用的是五等份组数据，基尼系数的计算公式如下：

$$G = 1 - \frac{1}{n}(2\sum_{s=1}^{n-1} I_s + 1) \qquad\qquad (5-9)$$

其中，n 表示收入等份组的个数（$n=5$），$1/n$ 表示每个等份组的人口占比，I_s 表示从第1等份组累计到第 s 等份组的人口总收入占全部人口总收入的比例，即收入累计比。在计算集中指数时，只需将收入变量换成医保缴费、医疗支出和医保报销等关注变量，但是集中指数不以关注变量自身排序为基础，而是以收入等经济变量排序为基础。

5.2 数据来源和描述性分析

5.2.1 数据说明和来源

本章使用的数据主要来自 2015～2018 年《辽宁统计年鉴》和 2014～

2018 年《陕西统计年鉴》，包括城镇居民家庭的可支配收入①、个人缴纳的医疗保险（以下简称"医保缴费"）、医疗服务支出（以下简称"自付支出②"）和报销医疗费（以下简称"医保报销"）四个指标。所有调查户按人均收入水平从低到高排序，平均分为五个等份组，处于最低 20% 的收入群体为低收入组，依此类推依次为中低收入组、中等收入组、中高收入组和高收入组，这五个等份组分别记为 1、2、3、4、5。与《中国统计年鉴》一致，《辽宁统计年鉴》数据是城镇各个等份组的"家庭人均数据"，即无论一个家庭内部的成员参加了哪项基本医保制度，可支配收入、医保缴费、自付支出和医保报销都被家庭人口平均了。根据中国现行的基本医疗保险制度安排，城镇居民家庭享有的基本医疗保险类型是城职保或城居保或二者组合。

考虑到调查口径的一致性和数据的可得性，辽宁省的研究范围是 2014～2017 年，而陕西省的研究范围是 2013～2017 年；受数据所限，辽宁省只有城镇居民可以用来分析，而陕西省的数据较全，可以分城镇居民和农村居民两个样本分析并进行城乡比较。

5.2.2 数据处理和描述性分析

根据研究需要，本章构建了医疗支出、初始收入、医保缴费后收入、医疗支出后收入和医保报销后收入五个变量，定义分别如下：医疗支出 = 自付支出 + 医保报销；初始收入 = 可支配收入 + 医保缴费 - 医保报销，记为项目 A；医保缴费后收入 = 初始收入 - 医保缴费，记为项目 B；医疗支出后收入 = 医保缴费后收入 - 医疗支出，记为项目 C；医保报销后收入 = 医疗支出后收入 + 医保报销，记为项目 D。

本章使用 Excel 2016 进行数据处理和分析以及图形绘制。

---

① 根据统计指标解释，可支配收入 = 工资性收入 + 经营净收入 + 财产净收入 + 转移净收入，其中转移净收入 = 转移性收入 - 转移性支出，转移性收入包括养老金或退休金、社会救济和补助、医保报销和赡养收入等；转移性支出包括个人所得税、医保缴费等各项社会保障支出、外来从业人员寄给家人的支出和赡养支出等。

② 根据国家统计局 2013 年 10 月 21 日发布的《居民消费支出分类（2013）》，医疗服务支出由门诊医疗费和住院医疗费构成，但不包括由医疗保险和医疗救助计划报销的医药费和医疗费，因此是自付支出，http://www.stats.gov.cn/tjsj/tjbz/201310/P020131021349384303616.pdf。

在接下来的描述性分析中，本小节依次测算辽宁省城镇居民、陕西省城镇居民和陕西省农村居民五等份组在医保缴费、医疗支出和医保报销环节前后的收入情况和收入分布以及这三个环节的预算份额和自付比例情况。

5.2.2.1 辽宁省城镇居民的描述性分析

表5-1给出了2014~2017年辽宁省城镇居民五等份组的收入情况，结果表明：从绝对数值上看，辽宁省城镇居民五等份组的初始收入逐年增加（2015年第5等份组除外），在医保缴费和医疗支出之后所有等份组的收入都下降（项目B<项目A、项目C<项目B），在医保报销之后所有等份组的收入都增加（项目D>项目C），但仍然低于初始收入（项目D<项目A）。

表5-1　　　　　　　　　　辽宁省城镇五等份组的收入情况　　　　　　　单位：元

年份	项目	五等份组					合计
		1	2	3	4	5	
2014	A	11072.00	19509.00	25937.00	33873.00	61158.00	28930.00
	B	10855.00	19280.00	25654.00	33530.00	60618.00	28617.00
	C	10256.00	18595.00	24522.00	31773.00	57794.00	27283.00
	D	10351.00	18738.00	24833.00	32432.00	59081.00	27748.00
2015	A	12456.15	21348.98	28358.70	36581.06	60160.66	31123.62
	B	12235.59	21061.32	28032.43	36236.98	59617.92	30779.41
	C	11723.49	20420.92	27086.44	34803.15	55712.71	29533.15
	D	11789.92	20551.42	27296.50	35210.89	56996.05	29879.47
2016	A	13757.74	24333.36	31424.81	39821.02	60765.69	32752.09
	B	13486.88	24016.28	31068.36	39401.39	60104.80	32357.06
	C	12934.20	23165.62	29717.51	37544.76	54888.59	30506.57
	D	13020.80	23331.39	30040.11	38150.72	56495.72	31025.60
2017	A	14894.09	25338.36	32979.51	41503.46	66609.12	34958.84
	B	14592.14	25045.76	32627.35	41085.72	65879.11	34550.18
	C	13850.75	24082.35	30933.15	38472.00	62530.11	32753.07
	D	13924.52	24241.96	31265.93	39150.26	63641.85	33196.27

资料来源：2015~2018年《辽宁统计年鉴》。

表 5 - 2 给出了 2014 ~ 2017 年辽宁省城镇居民五等份组在医保缴费、医疗支出和医保报销前后的收入分布。

表 5 - 2		辽宁省城镇五等份组的收入分布					单位: %
年份	项目	五等份组					合计
		1	2	3	4	5	
2014	A	7.31	12.87	17.11	22.35	40.36	100.00
	B	7.24	12.86	17.11	22.36	40.43	100.00
	C	7.18	13.01	17.16	22.23	40.43	100.00
	D	7.12	12.88	17.07	22.30	40.62	100.00
2015	A	7.84	13.44	17.85	23.02	37.86	100.00
	B	7.78	13.40	17.83	23.05	37.93	100.00
	C	7.83	13.64	18.09	23.24	37.20	100.00
	D	7.76	13.53	17.98	23.19	37.54	100.00
2016	A	8.09	14.31	18.47	23.41	35.72	100.00
	B	8.02	14.29	18.48	23.44	35.76	100.00
	C	8.17	14.64	18.78	23.72	34.68	100.00
	D	8.09	14.49	18.65	23.69	35.08	100.00
2017	A	8.21	13.97	18.19	22.89	36.73	100.00
	B	8.14	13.97	18.20	22.92	36.76	100.00
	C	8.15	14.18	18.21	22.65	36.81	100.00
	D	8.09	14.08	18.15	22.73	36.95	100.00

资料来源: 2015 ~ 2018 年《辽宁统计年鉴》。

由表 5 - 2 数据显示:

(1) 从初始收入分布上看,辽宁省城镇居民之间的收入差距较大。第 1 等份组的收入分布只有 8% 左右,而第 5 等份组的收入分布却都在 34% 以上,并且远高于前两个等份组的收入分布之和。纵向来看,2014 ~ 2016 年前四个等份组的收入分布逐年增加,第 5 等份组的收入分布逐年下降,2017 年第 1 等份组的收入分布继续增加,中间三个等份组的收入分布较 2016 年有所下降，但仍高于 2014 年，第 5 等份组的收入分布较 2016 年有所增加，但仍低于 2015 年，说明从整体上看，辽宁省城镇居民之间的初始收入差距呈逐年缩小的趋势。

（2）在医保缴费之后，第 1 等份组的收入分布降低，第 2 等份组的收入分布在 2014～2016 年降低、在 2017 年保持不变，而第 4、第 5 等份组的收入分布增加，说明医保缴费扩大了高低收入群体之间的收入差距。

（3）在医疗支出之后，2014 年第 1、第 4 等份组的收入分布降低，其余三个等份组的收入分布增加（第 5 等份组增加的幅度较小，几乎保持不变）；前三个等份组的收入分布在 2015～2017 年增加，第 4 等份组的收入分布在 2015 年和 2016 年增加、在 2017 年降低，第 5 等份组的收入分布在 2015 年和 2016 年降低、在 2017 年增加。

（4）在医保报销之后，前三个等份组的收入分布降低，第 5 等份组的收入分布增加，说明医保报销没有改善低收入群体的弱势地位，相反高收入群体从医保中受益更多，可能原因有两点：一是低收入群体的医疗支出本身较少；二是由于医保目录之外的医疗支出需要完全自付，符合规定的医疗支出在报销时还要受到医保起付线、报销比例和封顶线的约束，低收入群体即使发生医疗支出，很可能因为支付不起自付费用而中断医疗服务利用。

表 5-3 给出了 2014～2017 年辽宁省城镇居民五等份组的医保缴费、医疗支出和医保报销的预算份额和自付比例。

表 5-3　　　　　辽宁省城镇五等份组的预算份额和自付比例　　　单位：%

项目	年份	五等份组					合计
		1	2	3	4	5	
医保缴费	2014	1.96	1.17	1.09	1.01	0.88	1.08
	2015	1.77	1.35	1.15	0.94	0.90	1.11
	2016	1.97	1.30	1.13	1.05	1.09	1.21
	2017	2.03	1.15	1.07	1.01	1.10	1.17

项目	年份	五等份组					合计
		1	2	3	4	5	
医疗支出	2014	5.41	3.51	4.36	5.19	4.62	4.61
	2015	4.11	3.00	3.34	3.92	6.49	4.00
	2016	4.02	3.50	4.30	4.66	8.58	5.65
	2017	4.98	3.80	5.14	6.30	5.03	5.14
医保报销	2014	0.86	0.73	1.20	1.95	2.10	1.61
	2015	0.53	0.61	0.74	1.11	2.13	1.11
	2016	0.63	0.68	1.03	1.52	2.64	1.58
	2017	0.50	0.63	1.01	1.63	1.67	1.27
自付比例	2014	84.14	79.12	72.53	62.49	54.43	65.14
	2015	87.03	79.62	77.79	71.56	67.14	72.21
	2016	84.33	80.51	76.12	67.36	69.19	71.95
	2017	90.05	83.43	80.36	74.05	66.80	75.34

资料来源：2015～2018 年《辽宁统计年鉴》。

由表 5 - 3 数据可以得出以下几点结论：

（1）横向来看，医保缴费的预算份额随着等份组的提高而降低（2016年、2017 年第 5 等份组除外），第 1 等份组医保缴费的预算份额将近 2%，而第 5 等份组的预算份额均在 1.1% 以下，考虑到初始收入的差异，低收入群体的医保缴费负担更重；纵向来看，医保缴费的预算份额总体呈增加的趋势，医保缴费预算份额的均值由 2014 年的 1.08% 逐渐增加到 2016 年的 1.21%，2017 年略有降低，为 1.17%，但仍高于 2015 年，说明辽宁省城镇基本医疗保险制度的缴费水平逐年提高。

（2）横向来看，第 5 等份组医疗支出的预算份额高于第 1 等份组（2014年除外），说明高收入群体的相对医疗服务利用多于低收入群体；纵向来看，第 1 等份组医疗支出的预算份额在 2014～2016 年逐年降低，在 2017 年略有增加，但仍低于 2014 年，中间三个等份组的预算份额先降低后增加但总体呈增加趋势，而第 5 等份组的预算份额在 2014～2016 年逐年增加，在 2017 年明显降低，但仍高于 2014 年，说明区别于第 1 等份组，其余四个等份组的相对医疗服务利用在总体上都呈现增加的趋势。

（3）横向来看，医保报销的预算份额随着等份组的提高而增加（2014 年第 1 等份组除外）；纵向来看，第 1 等份组医保报销的预算份额呈波动性降低趋势，而第 5 等份组医保报销的预算份额在 2014 ~ 2016 年逐年增加，在 2017 年明显降低，另外所有等份组医保报销的预算份额在 2017 年均低于 2014 年，第 5 等份组和第 1 等份组之间医保报销预算份额的差距由 2014 年的 1.24 个百分点增加到 2016 年的 2.01 个百分点，2017 年该差距为 1.17 个百分点。由此可以看出高收入群体获得的相对医保报销远高于低收入群体，医保报销不利于缩小收入差距。

（4）横向来看，医疗支出的自付比例与等份组成反比（2016 年第 5 等份组除外），第 1 等份组的自付比例均在 84% 以上，并且在 2017 年达到 90%，而第 5 等份组的自付比例都在 70% 以下，可见低收入群体的自费负担更重；纵向来看，自付比例总体呈增加趋势，说明辽宁省城镇基本医疗保险制度没有显著降低居民的医疗经济负担，真实的医保保障水平不升反降。

图 5 - 1 至图 5 - 4 的集中曲线分别描绘了辽宁省城镇居民 2014 ~ 2017 年医保缴费、医疗支出和医保报销以及自付支出分布的整体情况。

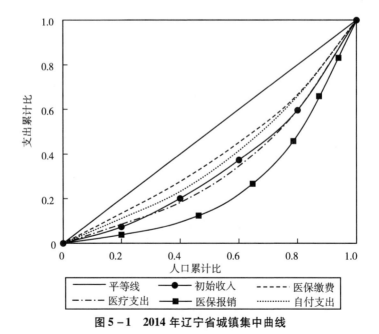

图 5 - 1　2014 年辽宁省城镇集中曲线

资料来源：2015 ~ 2018 年《辽宁统计年鉴》。

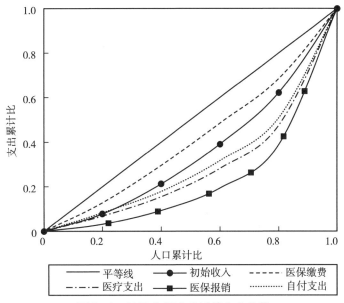

图 5 - 2 2015 年辽宁省城镇集中曲线

资料来源：2015～2018 年《辽宁统计年鉴》。

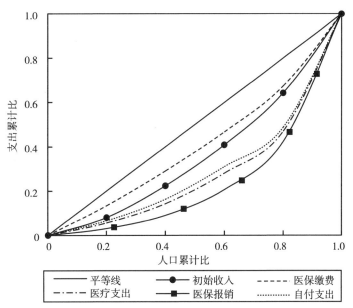

图 5 - 3 2016 年辽宁省城镇集中曲线

资料来源：2015～2018 年《辽宁统计年鉴》。

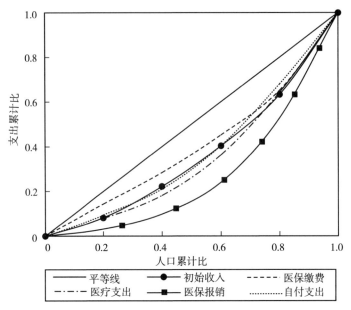

图 5 - 4　2017 年辽宁省城镇集中曲线

资料来源: 2015 ~ 2018 年《辽宁统计年鉴》。

由图 5 - 1 至图 5 - 4 可以发现:

(1) 医保缴费的集中曲线始终位于平等线和初始收入的洛伦兹曲线之间,说明虽然医保缴费的分布主要集中于高收入群体,符合绝对公平的原则,但是低收入群体的缴费占比高于其初始收入占比,医保缴费是相对不公平的。

(2) 医疗支出的集中曲线始终位于平等线下方,说明医疗支出主要发生在高收入群体身上。2014 年人口前 20% 的集中曲线略高于洛伦兹曲线,人口中间 60% 的集中曲线大部分略低于洛伦兹曲线,人口后 20% 的集中曲线几乎与洛伦兹曲线重合,说明医疗支出的分布较初始收入分布略微不均衡;2015 年、2016 年集中曲线均位于洛伦兹曲线下方,说明医疗支出与初始收入相比分布更不均衡:低收入群体的医疗支出占比低于其初始收入占比;2017 年人口前 60% 的集中曲线略低于洛伦兹曲线,人口后 40% 的集中曲线略高于洛伦兹曲线重合,说明医疗支出较初始收入分布不均衡但不太明显。

(3) 医保报销的集中曲线始终位于平等线和洛伦兹曲线下方,并且与其他关注变量的集中曲线相比距离最远,说明医保报销既绝对不公平又相对不公平，并且不公平程度最大。

（4）衡量医疗负担的自付支出的集中曲线始终位于平等线的下方，说明高收入群体的自付支出更多。2014 年集中曲线位于洛伦兹曲线上方，说明低收入群体的自付支出占比高于其初始收入占比；2015 年、2016 年集中曲线均位于洛伦兹曲线下方，说明低收入群体的自付支出占比低于其初始收入占比；2017 年集中曲线与洛伦兹曲线相交，二者没有明显差异。另外自付支出的集中曲线始终位于医疗支出的集中曲线上方，更靠近平等线，说明医保报销在一定程度上提高了医疗负担的公平性。

5.2.2.2 陕西省城镇居民的描述性分析

表 5-4 给出了 2013~2017 年陕西省城镇居民五等份组的收入情况。

表 5-4　　　　　　　　　陕西省城镇五等份组的收入情况　　　　　　　单位：元

年份	项目	五等份组					合计
		1	2	3	4	5	
2013	A	8637.37	15594.23	21699.07	28747.23	45102.60	22374.58
	B	8557.32	15491.13	21491.12	28534.41	44754.90	22196.14
	C	7939.49	14470.86	20673.15	27592.66	42786.29	21171.43
	D	7994.53	14624.73	20750.93	27663.50	43245.06	21321.22
2014	A	9992.81	17327.74	23740.31	31803.28	47546.04	24268.01
	B	9868.11	17160.20	23537.04	31547.34	47173.66	24055.08
	C	9301.25	16519.15	22468.49	30152.77	44043.32	22815.13
	D	9390.71	16686.00	22768.86	30447.64	44918.16	23125.81
2015	A	10720.66	18624.60	25805.36	34113.90	51291.22	26220.20
	B	10593.79	18444.23	25571.83	33866.22	50966.90	26006.76
	C	9982.69	17493.28	23906.07	32131.05	47712.80	24483.79
	D	10079.76	17762.73	24348.76	32556.66	48746.29	24897.24
2016	A	11688.72	20447.70	28004.44	35997.31	54966.69	28159.30
	B	11573.06	20262.13	27782.99	35741.76	54558.20	27935.09
	C	10904.88	19240.61	26345.91	33712.06	50408.72	26231.52
	D	11000.52	19414.26	26765.11	34227.74	52074.66	26736.52

年份	项目	五等份组					合计
		1	2	3	4	5	
2017	A	12903.41	22231.50	29868.17	38620.33	59776.83	30476.59
	B	12786.41	22022.56	29655.20	38356.85	59366.56	30246.78
	C	12172.46	21052.69	27510.48	36082.74	55516.26	28433.62
	D	12276.15	21215.68	28019.56	36820.77	57183.93	28997.09

资料来源：2014~2018年《陕西统计年鉴》。

由表5-4数据结果显示：与辽宁省城镇居民类似，陕西省城镇居民五等份组的初始收入逐年增加，在医保缴费和医疗支出之后所有等份组的收入都下降，在医保报销之后所有等份组的收入都增加但仍然低于初始收入。

表5-5给出了2013~2017年陕西省城镇居民五等份组在医保缴费、医疗支出和医保报销前后的收入分布。

表5-5　　　　　　　　　　陕西省城镇五等份组的收入分布　　　　　　　　单位：%

年份	项目	五等份组					合计
		1	2	3	4	5	
2013	A	7.21	13.02	18.12	24.00	37.65	100.00
	B	7.20	13.04	18.09	24.01	37.66	100.00
	C	7.00	12.75	18.22	24.32	37.71	100.00
	D	7.00	12.80	18.16	24.21	37.84	100.00
2014	A	7.66	13.29	18.20	24.39	36.46	100.00
	B	7.63	13.27	18.21	24.40	36.49	100.00
	C	7.59	13.49	18.34	24.62	35.96	100.00
	D	7.56	13.43	18.33	24.51	36.16	100.00
2015	A	7.63	13.25	18.36	24.27	36.49	100.00
	B	7.60	13.23	18.34	24.29	36.55	100.00
	C	7.61	13.33	18.22	24.49	36.36	100.00
	D	7.55	13.31	18.24	24.39	36.52	100.00

续表

年份	项目	五等份组					合计
		1	2	3	4	5	
2016	A	7.74	13.53	18.53	23.82	36.38	100.00
	B	7.72	13.52	18.53	23.84	36.39	100.00
	C	7.76	13.68	18.74	23.98	35.85	100.00
	D	7.67	13.53	18.65	23.86	36.29	100.00
2017	A	7.90	13.61	18.28	23.64	36.58	100.00
	B	7.88	13.58	18.28	23.65	36.60	100.00
	C	7.99	13.82	18.06	23.69	36.44	100.00
	D	7.89	13.64	18.02	23.68	36.77	100.00

资料来源：2014~2018 年《陕西统计年鉴》。

由表 5-5 数据显示：

（1）从初始收入分布上看，第 1 等份组的收入分布在 7%~8% 之间，而第 5 等份组的收入分布却都在 35% 以上，并且远高于前两个等份组的收入分布之和，说明陕西省城镇居民之间的收入差距较大。纵向来看，前两个等份组的收入分布呈现波动性增加的趋势，说明陕西省城镇居民之间的初始收入差距呈逐年缩小的趋势。

（2）在医保缴费之后，2013 年第 1、第 3 等份组的收入分布降低，2014年、2016 年、2017 年前两个等份组的收入分布降低，2015 年前三个等份组的收入分布降低，而后两个等份组的收入分布在 2013~2017 年都增加，说明医保缴费没有缩小反而扩大了高低收入群体之间的收入差距。

（3）在医疗支出之后，2013 年第 1、第 2 等份组的收入分布降低，其余三个等份组的收入分布增加，2014 年第 1、第 5 等份组的收入分布降低，并且第 5 等份组的下降幅度明显多于第 1 等份组，中间三个等份组的收入分布增加，2015 年、2017 年第 1、第 2、第 4 等份组的收入分布增加，其余两个等份组的收入分布降低，2016 年前四个等份组的收入分布增加，只有第 5 等份组的收入分布降低，说明除 2013 年以外，医疗支出缩小了高低收入群体之间的收入差距。

（4）在医保报销之后，2013 年第 3、第 4 等份组的收入分布降低，2014 年、2016 年和 2017 年前四个等份组的收入分布降低，2015 年第 1、第 2、第 4 等份组的收入分布降低，而第 5 等份组的收入分布在所有年份都增加，说明医保报销没有发挥收入再分配的正向调节作用。

表 5-6 给出了 2013～2017 年陕西省城镇居民五等份组的医保缴费、医疗支出和医保报销的预算份额以及医疗支出的自付比例。

表 5-6 　　　　　　陕西省城镇五等份组的预算份额和自付比例 　　　　单位：%

项目	年份	五等份组					合计
		1	2	3	4	5	
医保缴费	2013	0.93	0.66	0.96	0.74	0.77	0.80
	2014	1.25	0.97	0.86	0.80	0.78	0.88
	2015	1.18	0.97	0.90	0.73	0.63	0.81
	2016	0.99	0.91	0.79	0.71	0.74	0.80
	2017	0.91	0.94	0.71	0.68	0.69	0.75
医疗支出	2013	7.15	6.54	3.77	3.28	4.36	4.58
	2014	5.67	3.70	4.50	4.38	6.58	5.11
	2015	5.70	5.11	6.46	5.09	6.34	5.81
	2016	5.72	5.00	5.13	5.64	7.55	6.05
	2017	4.76	4.36	7.18	5.89	6.44	5.95
医保报销	2013	0.64	0.99	0.36	0.25	1.02	0.67
	2014	0.90	0.96	1.27	0.93	1.84	1.28
	2015	0.91	1.45	1.72	1.25	2.01	1.58
	2016	0.82	0.85	1.50	1.43	3.03	1.79
	2017	0.80	0.73	1.70	1.91	2.79	1.85
自付比例	2013	91.09	84.92	90.49	92.48	76.70	85.38
	2014	84.22	73.97	71.89	78.86	72.05	74.94
	2015	84.12	71.66	73.42	75.47	68.24	72.85
	2016	85.69	83.00	70.83	74.59	59.85	70.36
	2017	83.11	83.19	76.26	67.55	56.69	68.92

资料来源：2014～2018 年《陕西统计年鉴》。

由表 5 – 6 数据显示：

（1）横向来看，第 1 等份组医保缴费的预算份额在 0.9% ~ 1.25% 之间，而第 5 等份组医保缴费的预算份额在 0.7% 左右，虽然从绝对数值上看，医保缴费与收入成正比，低等份组的医保缴费低于高等份组的医保缴费，但是由于初始收入的差异，从相对数值上看，低等份组医保缴费的预算份额更高，医保缴费对其基本生活的影响更大；纵向来看，医保缴费的预算份额总体呈下降的趋势（第 2 等份组除外），可见与辽宁省城镇基本医疗保险制度相反，陕西省城镇基本医疗保险制度的缴费负担不升反降。

（2）横向来看，除 2013 年以外，第 5 等份组医疗支出的预算份额都高于第 1 等份组，说明高收入群体的相对医疗服务利用更多；纵向来看，与 2013 年相比，第 1、第 2 等份组医疗支出的预算份额降低，其余三个等份组医疗支出的预算份额增加，说明与低收入群体相反，高收入群体的相对医疗服务利用呈增加的趋势。

（3）横向来看，第 5 等份组医保报销的预算份额始终高于第 1 等份组，说明高收入群体获得的相对医保报销更多；纵向来看，与 2013 年相比，医保报销的预算份额增加（第 2 等份组除外），医保报销预算份额的均值由 2013 年的 0.67% 逐年增加到 2017 年的 1.85%，但第 5 等份组和第 1 等份组之间医保报销预算份额的差距由 2013 年的 0.38 个百分点增加到 2016 年的 2.21 个百分点，2017 年略微下降，为 1.99 百分点，说明虽然陕西省城镇基本医疗保险制度的报销水平逐年提高，但是高低收入群体之间相对医保报销的差距总体上也呈扩大趋势，即医保报销没有起到缩小收入差距的作用。

（4）横向来看，第 1 等份组医疗支出的自付比例远高于第 5 等份组，二者之间的差距在 12 ~ 27 个百分点，说明低收入群体的自费负担更重；纵向来看，与 2013 年相比，自付比例降低，自付比例的均值由 2013 年的 85.38% 逐年下降到 2017 年的 68.92%，这间接说明陕西省城镇基本医疗保险制度的保障水平逐年提高。

图 5 – 5 至图 5 – 9 的集中曲线分别描绘了陕西省城镇居民 2013 ~ 2017 年医保缴费、医疗支出和医保报销以及自付支出分布的整体情况。

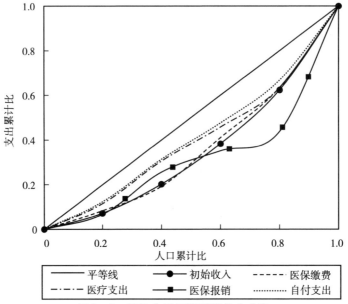

图 5 – 5　2013 年陕西省城镇集中曲线

资料来源：2014~2018 年《陕西统计年鉴》。

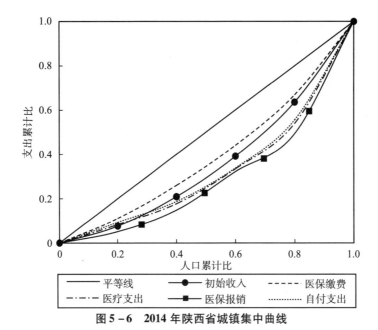

图 5 – 6　2014 年陕西省城镇集中曲线

资料来源：2014~2018 年《陕西统计年鉴》。

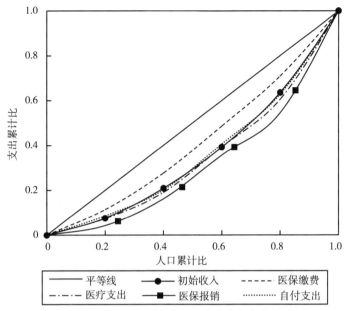

图 5－7 2015 年陕西省城镇集中曲线

资料来源：2014～2018 年《陕西统计年鉴》。

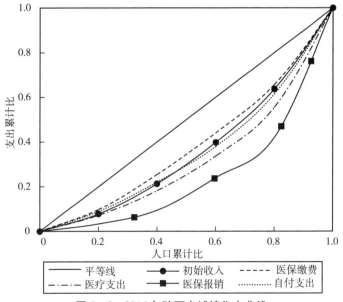

图 5－8 2016 年陕西省城镇集中曲线

资料来源：2014～2018 年《陕西统计年鉴》。

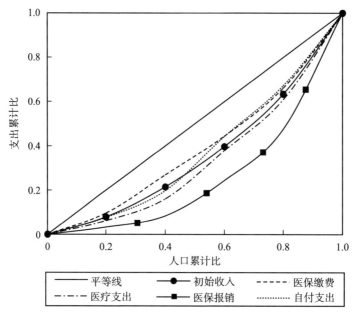

图 5 - 9   2017 年陕西省城镇集中曲线

资料来源：2014 ~ 2018 年《陕西统计年鉴》。

由图 5 - 5 至图 5 - 9 可以发现：

（1）医保缴费的集中曲线始终位于平等线下方，说明医保缴费符合绝对公平的原则。2013 年集中曲线与初始收入的洛伦兹曲线相交并且距离较近，说明二者不存在明显差异；2014 ~ 2017 年集中曲线均位于洛伦兹曲线上方，说明低收入群体的医保缴费占比高于其初始收入占比，医保缴费不符合相对公平的原则。

（2）医疗支出的集中曲线始终位于平等线下方，说明医疗支出的分布集中于高收入群体。2013 年集中曲线位于洛伦兹曲线上方，说明低收入群体的医疗支出占比高于其初始收入占比；除了 2014 年人口前 20% 的集中曲线略高于洛伦兹曲线之外，其余年份的集中曲线均位于洛伦兹曲线下方，说明大部分情况下低收入群体的医疗支出占比都低于其初始收入占比。

（3）医保报销的集中曲线始终位于平等线下方，说明医保报销主要发生在高收入群体身上，医保报销的分布是绝对不公平的。只有 2013 年集中曲线与洛伦兹曲线相交两次：人口前 20% 的集中曲线略低于洛伦兹曲线，人口中间 30% 的集中曲线稍高于洛伦兹曲线，人口后 50% 的集中曲线明显位于洛伦兹曲线下方；其余年份的集中曲线均位于洛伦兹曲线下方，说明低收入群体的医保报销占比基本上都低于其初始收入占比，医保报销的分布是相对不公平的。

（4）衡量医疗负担的自付支出的集中曲线始终位于平等线下方，说明自付支出主要发生在高收入群体身上。2013 年集中曲线位于洛伦兹曲线上方，2014 年、2015 年人口前 20% 和 2016 年人口前 40% 的集中曲线都位于洛伦兹曲线上方，说明这四个年份低收入群体的自付支出占比高于其初始收入占比；2017 年前 50% 的集中曲线位于洛伦兹曲线下方，说明低收入群体的自付支出占比低于其初始收入占比。另外自付支出的集中曲线都在医疗支出的集中曲线上方，并且二者距离随着人口累计比的增加而增大，说明医保报销改善了医疗负担的公平性，并且这一改善在高收入群体中更加明显。

5.2.2.3 陕西省农村居民的描述性分析

表 5 - 7 给出了 2013 ~ 2017 年陕西省农村居民五等份组的初始收入、医保缴费后收入、医疗支出后收入和医保报销后收入情况。

表 5 - 7   **陕西省农村五等份组的收入情况**   单位：元

年份	项目	五等份组					合计
		1	2	3	4	5	
2013	A	2418.78	4777.14	6551.22	9012.01	14707.95	7067.67
	B	2354.72	4709.00	6480.87	8941.50	14623.43	6996.84
	C	1940.22	3993.67	6043.27	8203.64	13426.03	6322.12
	D	1985.76	4073.57	6082.15	8324.31	13650.53	6417.48
2014	A	2622.84	5236.44	7285.97	10142.51	17153.81	7901.69
	B	2543.73	5150.32	7197.39	10043.23	17034.76	7808.89
	C	2038.26	4652.09	6261.17	9313.74	15724.10	7045.21
	D	2086.06	4729.56	6425.96	9407.80	15998.06	7168.53

续表

年份	项目	五等份组					合计
		1	2	3	4	5	
2015	A	2908.40	5639.90	7815.90	10845.20	18832.10	8625.60
	B	2836.90	5575.60	7744.30	10762.30	18729.60	8548.50
	C	2340.30	4970.70	7059.40	9733.50	17205.10	7720.50
	D	2406.70	5067.40	7190.90	9919.20	17462.90	7860.90
2016	A	2199.09	6215.49	8779.55	12125.55	20896.94	9394.16
	B	2049.97	6055.99	8630.36	11966.46	20710.89	9234.97
	C	1471.95	5028.37	7811.72	11079.34	19339.24	8322.16
	D	1544.39	5177.79	7962.74	11256.41	19632.55	8483.64
2017	A	2252.16	6771.02	9654.30	13519.28	22744.51	10235.65
	B	2111.49	6634.12	9512.50	13374.36	22578.99	10090.81
	C	1189.54	5643.73	8716.49	12076.35	20800.61	8972.84
	D	1300.75	5805.11	8851.64	12264.76	21110.85	9146.54

资料来源：2014～2018 年《陕西统计年鉴》。

表 5 - 7 数据显示：与辽宁省和陕西省城镇居民类似，陕西省农村居民五等份组的初始收入逐年增加（2016 年第 1 等份组除外），在医保缴费和医疗支出之后所有等份组的收入都下降，在医保报销之后所有等份组的收入都增加但仍然低于初始收入。

表 5 - 8 给出了 2013～2017 年陕西省农村居民五等份组在医保缴费、医疗支出和医保报销前后的收入分布。

表 5 - 8　　　　　　　　　　**陕西省农村五等份组的收入分布**　　　　单位：%

年份	项目	五等份组					合计
		1	2	3	4	5	
2013	A	6.46	12.75	17.49	24.05	39.26	100.00
	B	6.35	12.69	17.46	24.09	39.41	100.00
	C	5.77	11.88	17.98	24.41	39.95	100.00
	D	5.82	11.94	17.83	24.40	40.01	100.00

续表

年份	项目	五等份组					合计
		1	2	3	4	5	
2014	A	6.18	12.34	17.17	23.90	40.42	100.00
	B	6.06	12.27	17.15	23.93	40.59	100.00
	C	5.37	12.25	16.48	24.52	41.39	100.00
	D	5.40	12.24	16.63	24.34	41.39	100.00
2015	A	6.32	12.25	16.98	23.56	40.90	100.00
	B	6.21	12.21	16.96	23.58	41.03	100.00
	C	5.67	12.03	17.09	23.56	41.65	100.00
	D	5.72	12.05	17.10	23.59	41.53	100.00
2016	A	4.38	12.38	17.48	24.15	41.61	100.00
	B	4.15	12.26	17.47	24.22	41.91	100.00
	C	3.29	11.24	17.46	24.77	43.23	100.00
	D	3.39	11.36	17.47	24.70	43.08	100.00
2017	A	4.10	12.32	17.57	24.61	41.40	100.00
	B	3.89	12.24	17.55	24.67	41.65	100.00
	C	2.46	11.65	18.00	24.94	42.95	100.00
	D	2.64	11.77	17.94	24.86	42.79	100.00

资料来源: 2014~2018 年《陕西统计年鉴》。

由表 5-8 数据显示:

(1) 从初始收入分布上看,第 1 等份组的收入分布在 4.1% ~6.46% 之间,而第 5 等份组的收入分布却都在 39% 以上,并且远高于前三个等份组的收入分布之和,说明与辽宁省和陕西省城镇居民相比,陕西省农村居民之间的收入差距更大。纵向来看,前两个等份组的收入分布呈现波动性下降的趋势,后三个等份组的收入分布呈现波动性增加的趋势,说明陕西省农村居民之间的初始收入差距呈逐年扩大的趋势。

(2) 在医保缴费之后,前三个等份组的收入分布降低,后两个等份组的收入分布增加,说明医保缴费之后,高低收入群体之间的收入差距扩大。

（3）在医疗支出之后，2013 年、2015 年和 2017 年前两个等份组的收入分布降低，2014 年、2016 年前三个等份组的收入分布降低，而第 4、第 5 等份组的收入分布始终增加（2015 年第 4 等份组除外），说明医疗支出扩大了高低收入群体之间的收入差距。

（4）在医保报销之后，2013 年和 2017 年前两个等份组，2014 年第 1、第 3 等份组，2015 年前四个等份组以及 2016 年前三个等份组的收入分布增加，第 5 等份组的收入分布在 2013 年略微增加、在 2014 年保持不变、在 2015～2017 年降低，可见与辽宁省和陕西省城镇相反，陕西省农村的医保报销起到缩小高低收入群体之间收入差距的作用。

表 5-9 给出了 2013～2017 年陕西省农村居民五等份组的医保缴费、医疗支出和医保报销的预算份额以及医疗支出的自付比例。

表 5-9　　　　　　　陕西省农村五等份组的预算份额和自付比例　　　　单位：%

项目	年份	五等份组					合计
		1	2	3	4	5	
医保缴费	2013	2.65	1.43	1.07	0.78	0.57	1.00
	2014	3.02	1.64	1.22	0.98	0.69	1.17
	2015	2.46	1.14	0.92	0.76	0.54	0.89
	2016	6.78	2.57	1.70	1.31	0.89	1.69
	2017	6.25	2.02	1.47	1.07	0.73	1.42
医疗支出	2013	17.14	14.97	6.68	8.19	8.14	9.55
	2014	19.27	9.51	12.85	7.19	7.64	9.66
	2015	17.07	10.73	8.76	9.49	8.10	9.60
	2016	26.28	16.53	9.32	7.32	6.56	9.72
	2017	40.94	14.63	8.25	9.60	7.82	10.92
医保报销	2013	1.88	1.67	0.59	1.34	1.53	1.35
	2014	1.82	1.48	2.26	0.93	1.60	1.56
	2015	2.28	1.71	1.68	1.71	1.37	1.63
	2016	3.29	2.40	1.72	1.46	1.40	1.72
	2017	4.94	2.38	1.40	1.39	1.36	1.70

续表

项目	年份	五等份组					合计
		1	2	3	4	5	
自付比例	2013	89.01	88.83	91.12	83.65	81.25	85.87
	2014	90.54	84.45	82.40	87.11	79.10	83.85
	2015	86.63	84.01	80.80	81.95	83.09	83.04
	2016	87.47	85.46	81.55	80.04	78.62	82.31
	2017	87.94	83.71	83.02	85.48	82.55	84.46

资料来源：2014～2018 年《陕西统计年鉴》。

由表 5-9 数据显示：

（1）横向来看，医保缴费的预算份额与等份组成反比，高等份组医保缴费的预算份额更低；纵向来看，医保缴费的预算份额总体呈增加的趋势，第 1 等份组医保缴费的预算份额由 2013 年的 2.65% 波动增加到 2016 年的 6.78%，2017 年略微下降，为 6.25%，第 1 等份组和第 5 等份组之间医保缴费预算份额的差距由 2013 年的 2.08 个百分点波动增加到 2016 年的 5.89 个百分点，2017 年该差距为 5.52 个百分点。

（2）横向来看，第 1 等份组医疗支出的预算份额始终高于第 5 等份组，说明低收入群体的相对医疗服务利用更多；纵向来看，医疗支出预算份额的均值由 2013 年的 9.55% 波动增加到 2017 年的 10.92%，说明陕西省农村的相对医疗服务利用总体上呈增加的趋势。另外第 1 等份组和第 5 等份组之间医疗支出预算份额的差距由 2013 年的 9 个百分点波动增加到 2017 年的 33.12 个百分点，说明医疗支出没有缩小高低收入群体之间的收入差距。

（3）由于医保报销的前提是发生符合规定的医疗支出，医疗支出越多，发生医保报销的可能性越大。因此与医疗支出预算份额类似，第 1 等份组医保报销的预算份额始终高于第 5 等份组，并且二者之间医保报销预算份额的差距由 2013 年的 0.35 个百分点波动增加到 2017 年的 3.58 个百分点，说明低收入群体的相对医保报销更多，并且医保报销之后，高低收入群体之间的收入差距缩小。

（4）横向来看，第 1 等份组医疗支出的自付比例高于第 5 等份组，二者之间的差距在 3 ~ 12 个百分点之间，可见低收入群体的自费负担更重；纵向来看，与 2013 年相比，前三个等份组的自付比例降低（2014 年第 1 等份组除外），说明总的来说医保报销降低了陕西省农村低收入群体的医疗负担。

图 5 - 10 至图 5 - 14 的集中曲线分别描绘了陕西省农村居民 2013 ~ 2017 年医保缴费、医疗支出和医保报销以及自付支出分布的整体情况。

由图 5 - 10 至图 5 - 14 可以发现：

（1）医保缴费的集中曲线始终位于平等线和初始收入的洛伦兹曲线之间，说明医保缴费虽然符合绝对公平的原则，但是不符合相对公平的原则。

（2）医疗支出的集中曲线始终位于平等线和洛伦兹曲线之间，说明从数值上看，医疗支出更多发生在高收入群体身上，并且相对于初始收入分布，医疗支出分布并不均衡：低收入群体的医疗支出占比明显高于其初始收入占比。

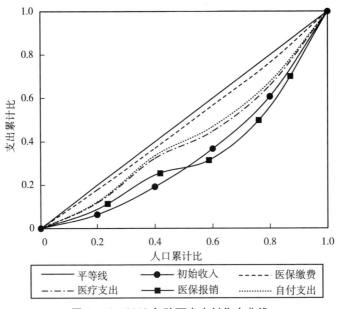

图 5 - 10　2013 年陕西省农村集中曲线

资料来源：2014 ~ 2018 年《陕西统计年鉴》。

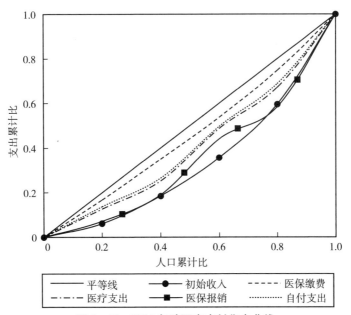

图 5 - 11 2014 年陕西省农村集中曲线

资料来源：2014 ~ 2018 年《陕西统计年鉴》。

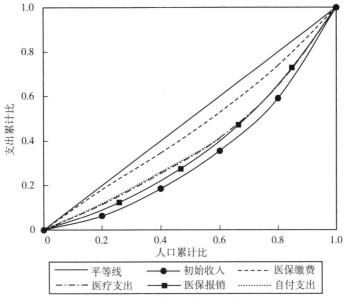

图 5 - 12 2015 年陕西省农村集中曲线

资料来源：2014 ~ 2018 年《陕西统计年鉴》。

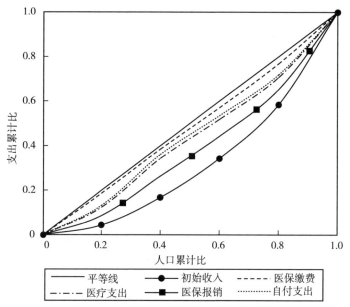

图 5 - 13　2016 年陕西省农村集中曲线

资料来源：2014～2018 年《陕西统计年鉴》。

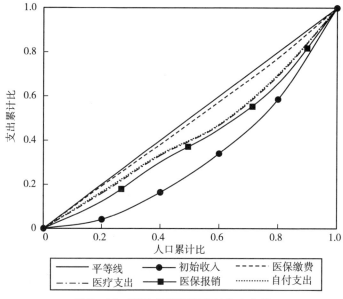

图 5 - 14　2017 年陕西省农村集中曲线

资料来源：2014～2018 年《陕西统计年鉴》。

（3）医保报销的集中曲线位于平等线下方，说明医保报销的分布主要集中于高收入群体，不符合绝对公平的原则。2013 年只有人口前 50% 的集中曲线位于洛伦兹曲线上方，其余年份的集中曲线大都位于洛伦兹曲线上方，说明大多数情况下低收入群体的医保报销占比都高于其初始收入占比，医保报销起到缩小初始收入差距的作用。

（4）与医疗支出类似，自付支出的集中曲线也始终位于平等线和洛伦兹曲线之间，说明虽然高收入群体的自付支出更多，但是低收入群体的自付支出占比高于其初始收入占比。虽然自付支出的集中曲线都在医疗支出的集中曲线上方，但是二者距离较近，说明虽然医保报销提高了医疗负担的公平性，但是提高程度不大。

5.3　城镇样本基本医疗保险制度的收入再分配效应

本节使用 MT 指数及其分解方法测算城镇样本基本医疗保险制度运行的全过程——医保缴费、医疗支出和医保报销这三个环节收入再分配的中间效应、最终效应及其影响因素，先是辽宁省城镇居民的情况，然后是陕西省城镇居民的情况。

5.3.1　医保缴费环节收入再分配的中间效应

5.3.1.1　辽宁省城镇居民的情况

由表 5－10 可以看出，医保缴费之后基尼系数增加，MT 指数为负值，说明医保缴费扩大了收入差距，并且收入差距扩大的程度呈先增加后降低的趋势，体现在 MT 指数的绝对值先由 2014 年的 0.0012 增加到 2015 年的 0.0013，后又逐年下降到 2017 年的 0.0009，R 系数的绝对值先由 2014 年的 0.4044% 增加到 2015 年的 0.4548%，后又逐年下降到 2017 年的 0.3385%。从 MT 指数的分解上看，医保缴费的平均税率由 2014 年的 0.0108 逐年增加到 2016 年的 0.0121，2017 年略微下降，为 0.0117。虽然医保缴费的绝对值分布集中于高收入群体（集中指数为正值），但是相对于初始收入分布，医保筹资体系累退（Kakwani 指数为负值），即医保缴费没有起到缩小初始收入差距的作用。按照辽宁省现行城镇基本医疗保险制度设计，城职保个人缴费比例为本人工资的 2%，根据比例缴费模式，个人缴费之后基尼系数不变，收入分配的公平性不变，但是最低和最高缴费基数的规定，使得低收入群体的缴费负担过重而高收入群体的缴费支出降低，不利于调节收入再分配；城居保实行个人定额缴费和财政补贴相结合的筹资方式，根据固定金额缴费模式，个人缴费之后基尼系数增加，收入再分配效应为负；特困、低保等困难群体的个人缴费部分由政府通过特殊性财政补贴承担兜底责任，有利于缩小收入差距，但这部分占比较低。结合上述分析，可以得出辽宁省城镇基本医疗保险制度筹资体系累退的结论。

表 5 - 10　　　　辽宁省城镇居民医保缴费环节的收入再分配效应及其分解

项目	2014 年	2015 年	2016 年	2017 年
G_0	0.3023	0.2785	0.2575	0.2638
G_1	0.3035	0.2798	0.2585	0.2647
MT_1	− 0.0012	− 0.0013	− 0.0010	− 0.0009
R_1	− 0.4044	− 0.4548	− 0.3890	− 0.3385
t_1	0.0108	0.0111	0.0121	0.0117
C_1	0.1886	0.1628	0.1744	0.1874
K_1	− 0.1137	− 0.1157	− 0.0831	− 0.0764

注：R_1 的单位是%。
资料来源：2015 ~ 2018 年《辽宁统计年鉴》。

5.3.1.2　陕西省城镇居民的情况

由表 5 - 11 可以发现，医保缴费之后基尼系数增加，MT 指数为负值，说明医保缴费扩大了收入差距，并且收入差距扩大的程度呈先增加后降低但总体呈增加的趋势，体现在 MT 指数的绝对值先由 2013 年的 0.0001 增加到 2015 年的 0.0009，后又下降到 2016 年、2017 年的 0.0004，R 系数的绝对值先由 2013 年的 0.0455% 增加到 2015 年的 0.3159%，后又波动下降到 2017 年的 0.1612%。从 MT 指数的分解上看，医保缴费的平均税率稳定在 0.008 附近，2017 年最小，只有 0.0075。与辽宁省城镇居民类似，虽然医保缴费的绝对值分布主要集中于高收入群体，但是医保缴费没有起到缩小初始收入差距的作用。由此可以得出陕西省城镇基本医疗保险制度筹资体系累退的结论。

表 5 – 11　　　　陕西省城镇居民医保缴费环节的收入再分配效应及其分解

项目	2013 年	2014 年	2015 年	2016 年	2017 年
G_0	0.2875	0.2748	0.2750	0.2703	0.2696
G_1	0.2876	0.2754	0.2759	0.2707	0.2700
MT_1	− 0.0001	− 0.0006	− 0.0009	− 0.0004	− 0.0004
R_1	− 0.0455	− 0.2119	− 0.3159	− 0.1444	− 0.1612
t_1	0.0080	0.0088	0.0081	0.0080	0.0075
C_1	0.2711	0.2078	0.1661	0.2210	0.2115
K_1	− 0.0163	− 0.0670	− 0.1089	− 0.0493	− 0.0581

注：R_1 的单位是%。
资料来源：2014 ~ 2018 年《陕西统计年鉴》。

5.3.2　医疗支出环节收入再分配的中间效应

5.3.2.1　辽宁省城镇居民的情况

表 5 – 12 显示，医疗支出之后基尼系数降低，MT 指数和 R 系数均为正值，并且逐年增加（2017 年除外，但仍高于 2014 年），说明医疗支出缩小了收入差距，并且收入差距缩小的绝对程度和相对程度都呈增加趋势（2017 年除外）。MT 指数的分解结果表明：医疗支出的平均税率呈波动性增加趋势；医疗支出的绝对值分布向高收入群体集中，并且集中程度逐年增加（2017 年

除外）；低收入群体的医疗支出占比低于其收入占比，并且二者之间的差距逐年增加（2017 年除外，但仍高于 2014 年）。因此，高收入群体的医疗支出更多，并且医疗支出缩小了相对收入差距。但是在解释医疗支出对公平性的影响时需要慎重：低收入群体很可能因为经济困难，患病时选择不就医或者即使就医但在痊愈之前中断医疗服务，医疗支出为零或者较低，此时医疗支出的累进性意味着一种更深层次的不公平，低收入群体因为支付能力不足医疗服务利用程度较低，不利于健康人力资本的积累和公平，最终将会导致收入差距的进一步扩大。

表 5 – 12　　　　辽宁省城镇居民医疗支出环节的收入再分配效应及其分解

项目	2014 年	2015 年	2016 年	2017 年
G_1	0.3035	0.2798	0.2585	0.2647
G_2	0.3029	0.2734	0.2484	0.2631
MT_2	0.0006	0.0064	0.0101	0.0016
R_2	0.1959	2.2700	3.8939	0.5959
t_2	0.0466	0.0405	0.0572	0.0520
C_2	0.3157	0.4076	0.4206	0.2933
K_2	0.0121	0.1279	0.1621	0.0286

注：R_2 的单位是% 。
资料来源：2015 ~ 2018 年《辽宁统计年鉴》。

5.3.2.2　陕西省城镇居民的情况

表 5 – 13 表明，除 2013 年以外，医疗支出之后基尼系数降低，MT 指数和 R 系数均为正值，说明无论从绝对程度还是从相对程度上看，医疗支出都缩小了收入差距。MT 指数的分解结果表明：医疗支出的平均税率由 2013 年的 0.0462 逐年增加到 2016 年的 0.061，2017 年略微下降，为 0.0599；医疗支出的绝对值分布主要集中于高收入群体；除 2013 年外，低收入群体的医疗支出占比低于其收入占比。因此，高收入群体的医疗支出更多，并且除 2013 年外，医疗支出缩小了相对收入差距。

表 5 - 13　　　陕西省城镇居民医疗支出环节的收入再分配效应及其分解

项目	2013 年	2014 年	2015 年	2016 年	2017 年
G_1	0.2876	0.2754	0.2759	0.2707	0.2700
G_2	0.2920	0.2714	0.2746	0.2659	0.2671
MT_2	− 0.0044	0.0039	0.0012	0.0048	0.0030
R_2	− 1.5144	1.4215	0.4456	1.7587	1.0940
t_2	0.0462	0.0515	0.0586	0.0610	0.0599
C_2	0.1955	0.3458	0.2955	0.3426	0.3157
K_2	− 0.0921	0.0705	0.0196	0.0719	0.0457

注：R_2 的单位是% 。
资料来源：2014 ~ 2018 年《陕西统计年鉴》。

5.3.3　医保报销环节收入再分配的中间效应

5.3.3.1　辽宁省城镇居民的情况

表 5 - 14 显示，医保报销之后基尼系数增加，MT 指数和 R 系数均为负值，并且绝对值逐年增加（2017 年除外），说明医保报销扩大了收入差距，并且收入差距扩大的绝对程度和相对程度都呈增加趋势（2017 年除外）。与医保缴费相比，医保报销的逆向调节作用更强。MT 指数的分解结果表明：医保报销的平均税率的绝对值在 0.0117 和 0.0170 之间；相比于医保缴费和医疗支出，医保报销的绝对值分布更集中于高收入群体；Kakwani 指数为正值并且逐年增加（2017 年除外，但仍高于 2014 年），说明医保报销是累退的，并且总体来看累退程度呈增加趋势。因此，高收入群体获得的医保报销更多，并且医保报销扩大了相对收入差距。

5.3.3.2　陕西省城镇居民的情况

表 5 - 15 表明，医保报销之后基尼系数增加，MT 指数和 R 系数均为负值，说明无论从绝对程度还是从相对程度上看，医保报销都扩大了收入差距。同样与医保缴费相比，医保报销的逆向调节作用更强。MT 指数的分解结果

表明：医保报销的平均税率的绝对值由 2013 年的 0.0071 逐年增加到 2017 年的 0.0198，即医保报销占该环节之前收入的比例逐年增加，说明陕西省城镇居民的医保报销待遇逐年提高；相比于医保缴费和医疗支出，医保报销的绝对值分布更集中于高收入群体；低收入群体的医保报销占比低于其收入占比，说明医保报销是累退的。因此，高收入群体获得的医保报销更多，并且医保报销扩大了相对收入差距。

表 5 – 14　　　辽宁省城镇居民医保报销环节的收入再分配效应及其分解

项目	2014 年	2015 年	2016 年	2017 年
G_2	0.3029	0.2734	0.2484	0.2631
G_3	0.3057	0.2768	0.2528	0.2656
MT_3	− 0.0028	− 0.0034	− 0.0043	− 0.0024
R_3	− 0.9174	− 1.2302	− 1.7493	− 0.9220
t_3	− 0.0170	− 0.0117	− 0.0170	− 0.0135
C_3	0.4649	0.5169	0.4995	0.4405
K_3	0.1620	0.2434	0.2510	0.1773

注：R_3 的单位是％。
资料来源：2015 ~ 2018 年《辽宁统计年鉴》。

表 5 – 15　　　陕西省城镇居民医保报销环节的收入再分配效应及其分解

项目	2013 年	2014 年	2015 年	2016 年	2017 年
G_2	0.2920	0.2714	0.2746	0.2659	0.2671
G_3	0.2924	0.2731	0.2760	0.2703	0.2712
MT_3	− 0.0005	− 0.0017	− 0.0014	− 0.0044	− 0.0041
R_3	− 0.1542	− 0.6255	− 0.5145	− 1.6507	− 1.5202
t_3	− 0.0071	− 0.0136	− 0.0169	− 0.0193	− 0.0198
C_3	0.3550	0.3936	0.3578	0.4854	0.4656
K_3	0.0630	0.1222	0.0832	0.2194	0.1985

注：R_3 的单位是％。
资料来源：2014 ~ 2018 年《陕西统计年鉴》。

5.3.4 基本医疗保险制度收入再分配的最终效应

5.3.4.1 辽宁省城镇居民的情况

衡量最终效应的 MT 指数显示（见表 5 - 16）：2014 年、2017 年医保报销扩大了初始收入差距；2015 年、2016 年医保报销缩小了初始收入差距，并且初始收入差距缩小的绝对程度逐年增加。由于医保报销的最终效应是医保报销环节和其之前的医疗支出和医保缴费环节的中间效应之和，可以发现 2015 年、2016 年医保报销对初始收入起到正向再分配的作用主要来源于医疗支出对收入分配的正向调节作用，看似公平但存在事实上的不公平，低收入群体的健康状况更差，但使用的医疗服务更少（解垩，2009），因为较低的支付能力限制了其获取必要的医疗服务（林相森和艾春荣，2009），相应地，低收入群体获得医保报销的可能性也更低。低收入群体在医疗和医保服务上的双重"低"利用率造成了医疗保险实质上低收入群体补贴高收入群体的"逆向再分配"现象。

表 5 - 16　　　辽宁省城镇基本医疗保险制度收入再分配的最终效应

年份	G_0	G_1	G_2	G_3	MT_1	MT_2	MT_3	MT_3^*
2014	0.3023	0.3035	0.3029	0.3057	- 0.0012	0.0006	- 0.0028	- 0.0034
2015	0.2785	0.2798	0.2734	0.2768	- 0.0013	0.0064	- 0.0034	0.0017
2016	0.2575	0.2585	0.2484	0.2528	- 0.0010	0.0101	- 0.0043	0.0047
2017	0.2638	0.2647	0.2631	0.2656	- 0.0009	0.0016	- 0.0024	- 0.0017

资料来源：2015 ~ 2018 年《辽宁统计年鉴》。

表 5 - 17 给出了 2014 ~ 2017 年辽宁省城镇居民医保缴费、医疗支出和医保报销后收入差距的弹性系数。

表 5 - 17　　　　　　　　　辽宁省城镇居民收入差距的弹性系数

项目	年份	η_t	η_K	η_t/η_K
医保缴费	2014	0.0041	0.0041	1.0109
	2015	0.0047	0.0046	1.0112
	2016	0.0040	0.0039	1.0122
	2017	0.0035	0.0034	1.0118
医疗支出	2014	− 0.0021	− 0.0020	1.0489
	2015	− 0.0206	− 0.0197	1.0422
	2016	− 0.0420	− 0.0396	1.0607
	2017	− 0.0063	− 0.0060	1.0549
医保报销	2014	0.0087	0.0089	0.9832
	2015	0.0101	0.0102	0.9884
	2016	0.0163	0.0166	0.9833
	2017	0.0088	0.0089	0.9866

资料来源：2015～2018 年《辽宁统计年鉴》。

由表 5 - 17 数据结果表明：

（1）医保缴费后收入差距关于平均税率和累进性指标的弹性都为正值，这进一步说明从总体上看，辽宁省城镇基本医疗保险制度的筹资体系是累退的，并且医保缴费后收入差距随着平均税率和累退程度的增加而增加。纵向来看，这两个弹性都是先增加后降低，这与表 5 - 10 给出的医保缴费之后收入差距扩大的变化趋势一致。另外这两个弹性的比值几乎与 1 无差异，说明医保缴费后收入差距对平均税率和累退性变化的敏感性大致相同，但是从理论上看，医保缴费后收入差距对平均税率的变化更为敏感。

（2）医疗支出后收入差距关于平均税率和累进性指标的弹性都为负值，这进一步说明医疗支出是累进的，并且医疗支出后收入差距随着平均税率和累进程度的增加而降低。纵向来看，这两个弹性的绝对值都逐年增加（2017 年除外），这与医疗支出之后 MT 指数和 R 系数的变化趋势一致（见表 5 - 12）。这两个弹性的比值都在 1.05 左右，说明医疗支出后收入差距对平均税率变化的敏感性更强。

（3）医保报销后收入差距关于平均税率和累进性指标的弹性都为正值，这进一步说明医保报销是累退的，并且医保报销后收入差距随着平均税率绝对值和累退程度的增加而增加。与医保报销之后收入差距扩大的变化趋势类似（见表 5 – 14），这两个弹性也逐年增加（2017 年除外）。这两个弹性的比值都在 0.98 ~ 0.99 之间，说明医保报销后收入差距对累退性的变化更为敏感。

5.3.4.2 陕西省城镇居民的情况

表 5 – 18 给出了陕西省城镇基本医疗保险制度收入再分配的最终效应。

表 5 – 18　　　陕西省城镇基本医疗保险制度收入再分配的最终效应

年份	G_0	G_1	G_2	G_3	MT_1	MT_2	MT_3	MT_3^*
2013	0.2875	0.2876	0.2920	0.2924	– 0.0001	– 0.0044	– 0.0005	– 0.0049
2014	0.2748	0.2754	0.2714	0.2731	– 0.0006	0.0039	– 0.0017	0.0016
2015	0.2750	0.2759	0.2746	0.2760	– 0.0009	0.0012	– 0.0014	– 0.0011
2016	0.2703	0.2707	0.2659	0.2703	– 0.0004	0.0048	– 0.0044	0.0000
2017	0.2696	0.2700	0.2671	0.2712	– 0.0004	0.0030	– 0.0041	– 0.0015

资料来源：2014 ~ 2018 年《陕西统计年鉴》。

由表 5 – 18 数据结果显示：2013 年、2015 年、2017 年医保报销扩大了初始收入差距，其中初始收入差距扩大的绝对程度在 2013 年最大，接近 0.005；2014 年医保报销缩小了初始收入差距，收入再分配的最终效应为 0.0016，原因在于医疗支出环节收入再分配的正向调节作用大于医保缴费和医保报销环节收入再分配的负向调节作用之和，与低收入群体相比，高收入群体的医疗支出更多，由于医保报销和医疗支出成正比，相应地，高收入群体获得的医保报销也更多，这实际上是一种更深层次的不公平；2016 年陕西省基本医疗保险制度收入再分配的最终效应为 0，原因在于医疗支出环节收入再分配的正向调节作用与医保缴费和医保报销环节收入再分配的负向调节作用相互抵消。

表 5 – 19 给出了 2014 ~ 2017 年陕西省城镇居民医保缴费、医疗支出和医

保报销后收入差距的弹性系数。

表5-19 陕西省城镇居民收入差距的弹性系数

项目	年份	η_t	η_K	η_t/η_K
医保缴费	2013	0.0005	0.0005	1.0080
	2014	0.0022	0.0022	1.0089
	2015	0.0033	0.0032	1.0082
	2016	0.0015	0.0015	1.0080
	2017	0.0016	0.0016	1.0076
医疗支出	2013	0.0160	0.0153	1.0484
	2014	−0.0149	−0.0141	1.0543
	2015	−0.0047	−0.0044	1.0622
	2016	−0.0187	−0.0176	1.0649
	2017	−0.0116	−0.0109	1.0638
医保报销	2013	0.0015	0.0015	0.9930
	2014	0.0059	0.0060	0.9866
	2015	0.0049	0.0050	0.9834
	2016	0.0150	0.0153	0.9811
	2017	0.0139	0.0142	0.9806

资料来源：2014~2018年《陕西统计年鉴》。

由表5-19数据结果显示：

（1）医保缴费后收入差距关于平均税率和累进性指标的弹性都为正值，说明陕西省城镇基本医疗保险制度的筹资体系是累退的，并且医保缴费后收入差距随着平均税率和累退程度的增加而增加。纵向来看，这两个弹性都是先增加后降低但总体呈增加的趋势，这与表5-11给出的医保缴费之后收入差距扩大的变化趋势一致。这两个弹性的比值都在1.008左右，说明医保缴费后收入差距对平均税率的变化更为敏感。

（2）医疗支出后收入差距关于平均税率和累进性指标的弹性在2013年都为正值，在其余年份均为负值，说明除2013年以外，医疗支出是累进的，并且医疗支出后收入差距随着平均税率和累进程度的增加而降低。与辽宁省城镇居民类似，这两个弹性的比值也都在 1.05 左右，说明医疗支出后收入差距对平均税率变化的敏感性更强。

（3）医保报销后收入差距关于平均税率和累进性指标的弹性都为正值，说明医保报销是累退的，并且医保报销后收入差距随着平均税率绝对值和累退程度的增加而增加。这两个弹性的比值都在 0.98 ~ 1 之间，说明医保报销后收入差距对累退性的变化更为敏感。

5.4 农村样本基本医疗保险制度的收入再分配效应

本节使用 MT 指数及其分解方法测算陕西省农村居民样本基本医疗保险制度运行的全过程——医保缴费、医疗支出和医保报销这三个环节收入再分配的中间效应、最终效应及其影响因素。

5.4.1 医保缴费环节收入再分配的中间效应

表 5 - 20 表明，医保缴费之后基尼系数增加，MT 指数和 R 系数均为负值，并且二者的绝对值均明显高于辽宁省和陕西省城镇的测量结果，以 2017 年为例，陕西省农村、辽宁省城镇以及陕西省城镇的 MT 指数和 R 系数分别是 - 0.0043 和 - 1.2237%、- 0.0009 和 - 0.3385% 以及 - 0.0004 和 - 0.1612%，说明无论从绝对差异还是从相对差异上看，陕西省农村医保缴费对收入再分配的逆向调节作用都明显更大。从 MT 指数的分解上看，医保缴费的平均税率在 0.0089 ~ 0.0169 之间，明显高于陕西省城镇的数值结果（见表 5 - 11），说明从整体上看，陕西省农村医保缴费占初始收入的平均比例更高，医保缴费负担更重。虽然医保缴费的绝对值分布主要集中于高收入群体，但是医保缴费没有起到缩小初始收入差距的作用。因此，陕西省农村基本医疗保险制度筹资体系是累退的。

表 5 - 20 陕西省农村居民医保缴费环节的收入再分配效应及其分解

项目	2013 年	2014 年	2015 年	2016 年	2017 年
G_0	0.3076	0.3201	0.3219	0.3450	0.3475
G_1	0.3101	0.3229	0.3240	0.3500	0.3518
MT_1	- 0.0025	- 0.0027	- 0.0021	- 0.0050	- 0.0043
R_1	- 0.8119	- 0.8480	- 0.6411	- 1.4526	- 1.2237
t_1	0.0100	0.0117	0.0089	0.0169	0.0142
C_1	0.0484	0.0788	0.0821	0.0366	0.0316
K_1	- 0.2592	- 0.2413	- 0.2398	- 0.3084	- 0.3159

注：R_1 的单位是%。
资料来源：2014～2018 年《陕西统计年鉴》。

5.4.2 医疗支出环节收入再分配的中间效应

表 5 - 21 显示，医疗支出之后基尼系数增加，MT 指数和 R 系数均为负值，并且二者的绝对值都呈现出明显的波动性增加趋势，2017 年 MT 指数和 R 系数分别是 - 0.0253 和 - 7.2011%，说明医疗支出之后收入差距扩大，并且收入差距扩大的绝对程度和相对程度都逐年增加。MT 指数的分解结果表明：医疗支出的平均税率由 2013 年的 0.0964 波动增加到 2017 年的 0.1108，医疗支出占医保缴费后收入的平均比例呈增加趋势，这意味着陕西省农村的医疗服务利用程度不断提高；医疗支出的绝对值分布同样主要集中于高收入群体，但是低收入群体的医疗支出占比均高于其医保缴费后收入占比。因此，高收入群体的医疗支出更多，但是医疗支出扩大了相对收入差距。

表 5 - 21 陕西省农村居民医疗支出环节的收入再分配效应及其分解

项目	2013 年	2014 年	2015 年	2016 年	2017 年
G_1	0.3101	0.3229	0.3240	0.3500	0.3518
G_2	0.3235	0.3373	0.3340	0.3737	0.3771
MT_2	- 0.0134	- 0.0144	- 0.0100	- 0.0237	- 0.0253
R_2	- 4.3263	- 4.4707	- 3.0939	- 6.7726	- 7.2011

续表

项目	2013 年	2014 年	2015 年	2016 年	2017 年
t_2	0.0964	0.0978	0.0969	0.0988	0.1108
C_2	0.1814	0.1851	0.2286	0.1236	0.1397
K_2	-0.1287	-0.1378	-0.0954	-0.2264	-0.2121

注：R_2 的单位是% 。
资料来源：2014~2018 年《陕西统计年鉴》。

5.4.3 医保报销环节收入再分配的中间效应

由表 5-22 可以发现，医保报销之后基尼系数缩小，MT 指数和 R 系数均为正值，并且逐年增加，说明医保报销缩小了收入差距，并且收入差距缩小的绝对程度和相对程度都呈增加趋势。与医保缴费和医疗支出相反，医保报销呈现出明显的正向调节作用。MT 指数的分解结果表明：医保报销的平均税率的绝对值由 2013 年的 0.0151 逐年增加到 2017 年的 0.0194，说明陕西省农村居民的医保报销待遇逐年提高；同样相比于医保缴费和医疗支出，医保报销的绝对值分布更集中于高收入群体；低收入群体的医保报销占比高于其医疗支出后收入占比，说明医保报销是累进的。因此，高收入群体获得的医保报销更多，但是医保报销缩小了相对收入差距。

表 5-22　　陕西省农村居民医保报销环节的收入再分配效应及其分解

项目	2013 年	2014 年	2015 年	2016 年	2017 年
G_2	0.3235	0.3373	0.3340	0.3737	0.3771
G_3	0.3234	0.3364	0.3326	0.3709	0.3736
MT_3	0.0002	0.0009	0.0014	0.0028	0.0035
R_3	0.0485	0.2639	0.4116	0.7478	0.9233
t_3	-0.0151	-0.0175	-0.0182	-0.0194	-0.0194
C_3	0.3130	0.2850	0.2557	0.2227	0.1876
K_3	-0.0105	-0.0523	-0.0783	-0.1510	-0.1895

注：R_3 的单位是% 。
资料来源：2014~2018 年《陕西统计年鉴》。

5.4.4 基本医疗保险制度收入再分配的最终效应

表 5 - 23 给出了陕西省农村基本医疗保险制度收入再分配的最终效应，可以看出：医保报销扩大了初始收入差距，并且初始收入差距扩大的绝对程度由 2013 年的 0.0158 波动增加到 2017 年的 0.0261。结合医保缴费、医疗支出和医保报销这三个环节收入再分配的中间效应可以发现，虽然医保报销缩小了相对收入差距，并且相对收入差距缩小的绝对程度逐年增加，但是相对收入差距缩小的绝对程度远远小于医保缴费和医疗支出环节带来的相对收入差距扩大的程度，由此导致陕西省农村基本医疗保险制度收入再分配的最终效应为负，并且其绝对值明显高于医保缴费和医疗支出任一环节收入再分配的中间效应的绝对值。

表 5 - 23　　　　陕西省农村基本医疗保险制度收入再分配的最终效应

年份	G_0	G_1	G_2	G_3	MT_1	MT_2	MT_3	MT_3^*
2013	0.3076	0.3101	0.3235	0.3234	-0.0025	-0.0134	0.0002	-0.0158
2014	0.3201	0.3229	0.3373	0.3364	-0.0027	-0.0144	0.0009	-0.0163
2015	0.3219	0.3240	0.3340	0.3326	-0.0021	-0.0100	0.0014	-0.0107
2016	0.3450	0.3500	0.3737	0.3709	-0.0050	-0.0237	0.0028	-0.0259
2017	0.3475	0.3518	0.3771	0.3736	-0.0043	-0.0253	0.0035	-0.0261

资料来源：2014 ~ 2018 年《陕西统计年鉴》。

表 5 - 24 给出了 2013 ~ 2017 年陕西省农村居民医保缴费、医疗支出和医保报销后收入差距的弹性系数。

由表 5 - 24 数据结果发现：

（1）医保缴费后收入差距关于平均税率和累进性指标的弹性都为正值，这进一步说明从总体上看，陕西省农村基本医疗保险制度的筹资体系是累退的，并且医保缴费后收入差距随着平均税率和累退程度的增加而增加。另外与辽宁省城镇居民类似，这两个弹性的比值也几乎与 1 无差异，说明医保缴费后收入差距对平均税率和累退性变化的敏感性大致相同。

表 5 – 24   陕西省农村居民收入差距的弹性系数

项目	年份	η_t	η_K	η_t / η_K
医保缴费	2013	0.0085	0.0085	1.0101
	2014	0.0090	0.0089	1.0119
	2015	0.0067	0.0067	1.0090
	2016	0.0155	0.0152	1.0172
	2017	0.0131	0.0129	1.0144
医疗支出	2013	0.0470	0.0425	1.1067
	2014	0.0491	0.0443	1.1084
	2015	0.0339	0.0306	1.1072
	2016	0.0737	0.0665	1.1097
	2017	0.0788	0.0701	1.1246
医保报销	2013	− 0.0005	− 0.0005	0.9851
	2014	− 0.0026	− 0.0027	0.9828
	2015	− 0.0041	− 0.0042	0.9821
	2016	− 0.0076	− 0.0078	0.9810
	2017	− 0.0094	− 0.0096	0.9810

资料来源：2014～2018 年《陕西统计年鉴》。

（2）医疗支出后收入差距关于平均税率和累进性指标的弹性都为正值，这进一步说明医疗支出是累退的，并且医疗支出后收入差距随着平均税率和累退程度的增加而增加。纵向来看，这两个弹性都呈现出明显的波动性增加趋势，这与医疗支出之后 MT 指数和 R 系数的变化趋势一致（见表 5 – 21）。这两个弹性的比值都在 1.11 左右，说明医疗支出后收入差距对平均税率变化的敏感性更强。

（3）医保报销后收入差距关于平均税率和累进性指标的弹性都为负值，这进一步说明医保报销是累进的，并且医保报销后收入差距随着平均税率绝对值和累退程度的增加而降低。与医保报销之后收入差距扩大的变化趋势类似（见表 5 – 22），这两个弹性也逐年增加。这两个弹性的比值都在 0.98 左右，说明医保报销后收入差距对累进性的变化更为敏感。

5.5 城乡样本基本医疗保险制度收入
再分配效应的比较分析

由于辽宁省城镇居民的研究范围是 2014～2017 年，陕西省城乡居民的研究范围是 2013～2017 年，为了进行城乡比较，本节将研究范围统一限定在 2014～2017 年。首先比较分析辽宁省城镇居民、陕西省城镇居民和陕西省农村居民医保缴费、医疗支出和医保报销这三个环节收入再分配的中间效应指标（包括 MT 指数、平均税率和 Kakwani 指数）的差异（见图 5–15、图 5–16、图 5–17），然后比较分析辽宁省城镇居民、陕西省城镇居民和陕西省农村居民基本医疗保险制度收入再分配的最终效应（MT^* 指数）的差异（见图 5–18），其中 a、b 和 c 分别代表辽宁省城镇居民、陕西省城镇居民和陕西省农村居民。

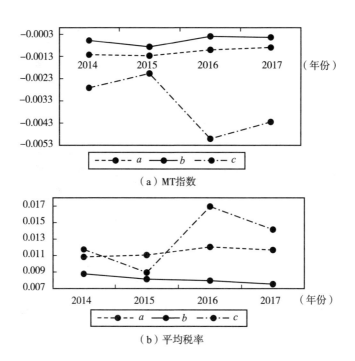

（a）MT指数

（b）平均税率

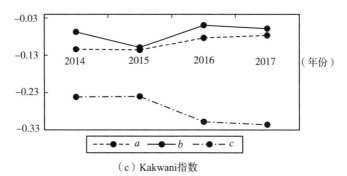

（c）Kakwani指数

图 5 – 15　城乡医保缴费环节收入再分配的中间效应指标的变化趋势

资料来源：2015～2018 年《辽宁统计年鉴》、2015～2018 年《陕西统计年鉴》。

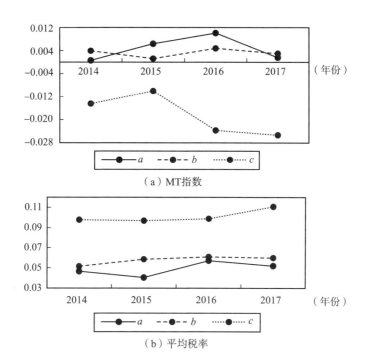

（a）MT指数

（b）平均税率

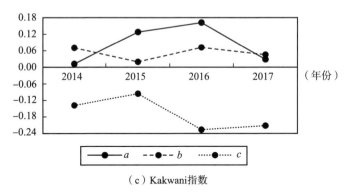

（c）Kakwani指数

图5－16 城乡医疗支出环节收入再分配的中间效应指标的变化趋势

资料来源：2015～2018年《辽宁统计年鉴》、2015～2018年《陕西统计年鉴》。

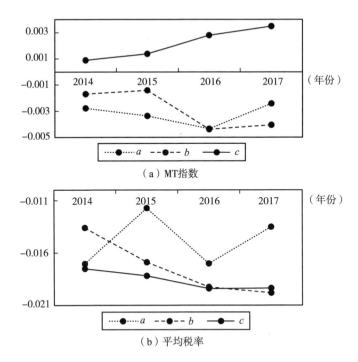

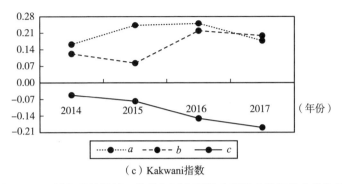

（c）Kakwani指数

图 5 - 17 城乡医保报销环节收入再分配的中间效应指标的变化趋势

资料来源：2015～2018 年《辽宁统计年鉴》、2015～2018 年《陕西统计年鉴》。

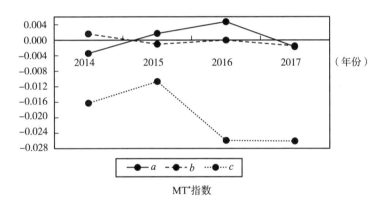

MT*指数

图 5 - 18 城乡基本医疗保险制度收入再分配的最终效应的变化趋势

资料来源：2015～2018 年《辽宁统计年鉴》、2015～2018 年《陕西统计年鉴》。

5.5.1 医保缴费环节收入再分配的中间效应的比较

由图 5 - 15 可以看出，医保缴费环节的 MT 指数均为负值，其绝对值在陕西省农村居民中最大，其次是辽宁省城镇居民，在陕西省城镇居民中最小，说明城乡医保缴费环节的收入再分配效应为负，并且该负效应在陕西省农村居民中更为明显。从 MT 指数的分解上看，平均税率在陕西省农村居民中最高（2015 年除外），辽宁省城镇居民次之，在陕西省城镇居民中最低，说明与城镇居民相比，农村居民医保缴费占初始收入的平均比例更高，其医保缴费负担更重；Kakwani 指数均为负值，并且与 MT 指数类似，其绝对值也在陕西省农村居民中最大，辽宁省城镇居民次之，在陕西省城镇居民中最小，说明城乡医保缴费都是累退的，并且累退程度在陕西省农村居民中最大。

5.5.2 医疗支出环节收入再分配的中间效应的比较

图 5 – 16 显示，医疗支出环节的 MT 指数在辽宁省城镇居民和陕西省城镇居民中为正值，但在陕西省农村居民中为负值，并且其绝对值总体呈现增加的趋势，说明区别于城镇居民，农村居民医疗支出环节的收入再分配效应为负。MT 指数的分解结果表明，平均税率在陕西省农村居民中最高，陕西省城镇居民次之，在辽宁省城镇居民中最低，说明医疗支出占医保缴费后收入的平均比例从陕西省农村居民、陕西省城镇居民到辽宁省城镇居民依次降低，陕西省城乡居民的医疗服务利用程度高于辽宁省城镇居民；Kakwani 指数在辽宁省城镇居民和陕西省城镇居民中为正值，但在陕西省农村居民中为负值，说明医疗支出在城镇是累进的，即高收入群体的医疗支出占比高于其医保缴费后收入占比，但在农村是累退的，并且累退程度较高。

5.5.3 医保报销环节收入再分配的中间效应的比较

由图 5 – 17 可见，医保报销环节的 MT 指数在陕西省农村居民中为正值，并且逐年增加，但在辽宁省城镇居民和陕西省城镇居民中为负值，说明区别于城镇居民，农村居民医保报销环节的收入再分配效应为正，即医保报销缩小了医疗支出后收入差距。MT 指数的分解结果显示，平均税率的绝对值在辽宁省城镇居民中最小（2014 年除外），在陕西省城镇居民和农村居民中都呈现出逐年增加的趋势，并且城镇居民和农村居民之间的差距也在逐年缩小，说明与辽宁省城镇居民相比，陕西省城乡居民医保报销占医疗支出后收入的平均比例更高，其医保报销待遇更好，并逐年提高；Kakwani 指数在辽宁省城镇居民和陕西省城镇居民中为正值，但在陕西省农村居民中为负值，并且其绝对值逐年增加，说明区别于城镇居民，农村居民的医保报销是累进的，并且累进程度逐年增加。

5.5.4 基本医疗保险制度收入再分配的最终效应的比较

由图 5 - 18 可以发现，从医保缴费、医疗支出和医保报销这三个环节加总的基本医疗保险制度收入再分配的最终效应上看，辽宁省城镇居民和陕西省城镇居民的 MT^* 指数有正有负，其绝对值均小于 0.005，与零值差异不大，但陕西省农村居民的 MT^* 指数均为负值，并且呈现波动性增加的趋势，说明陕西省农村居民的医保报销没有起到缩小初始收入差距的作用，原因在于医保缴费和医疗支出环节对收入分配的逆向调节作用之和显著高于医保报销环节对收入分配的正向调节作用。

5.6 本章小结

本章在省级层面以家庭为研究对象，使用 2015 ~ 2018 年《辽宁统计年鉴》和 2014 ~ 2018 年《陕西统计年鉴》数据，将医保缴费、医疗支出和医保报销这三个环节同时纳入收入再分配的研究框架，分城镇和农村两个样本，使用 MT 指数实证分析基本医疗保险制度收入再分配的中间效应和最终效应，并且参照卡克瓦尼（Kakwani，1977）的做法，详细考察平均税率和 Kakwani 指数对收入再分配的中间效应的影响。本章主要得出以下结论：

（1）基本医疗保险制度收入再分配的最终效应在辽宁省城镇居民和陕西省城镇居民中较弱，几乎与零无差异，但在陕西省农村居民中显著为负，并且初始收入差距扩大的绝对程度呈现波动性增加的趋势。

（2）从中间效应上看，医保缴费环节的收入再分配效应均为负，并且该负效应在陕西省农村居民中最为明显；医疗支出环节的收入再分配效应在辽宁省城镇居民和陕西省城镇居民中为正，但在陕西省农村居民中为负，并且其绝对值总体呈现增加的趋势；医保报销环节的收入再分配效应在辽宁省城镇居民和陕西省城镇居民中为负，但在陕西省农村居民中为正，并且逐年增加。虽然区别于辽宁省城镇居民和陕西省城镇居民，陕西省农村居民的医保报销缩小了医疗支出后收入差距，但是由于该正向调节作用显著小于医保缴费和医疗支出环节对收入分配的逆向调节作用之和，基本医疗保险制度收入再分配的最终效应在陕西省农村居民中显著为负。

（3）从中间效应的分解上看，医保缴费占初始收入的平均比例在陕西省农村居民中最高（2015 年除外），辽宁省城镇居民次之，在陕西省城镇居民中最低，Kakwani 指数均为负值，并且其绝对值也在陕西省农村居民中最大，辽宁省城镇居民次之，在陕西省城镇居民中最小，说明陕西省农村居民的医保缴费负担最重，并且医保缴费的累退程度最大；医疗支出占医保缴费后收入的平均比例从陕西省农村居民、陕西省城镇居民到辽宁省城镇居民依次降低，说明陕西省城乡居民的医疗服务利用程度高于辽宁省城镇居民，Kakwani 指数在辽宁省城镇居民和陕西省城镇居民中为正值，但在陕西省农村居民中为负值，说明医疗支出在城镇是累进的，但在农村是累退的，并且累退程度较高；医保报销占医疗支出后收入的平均比例的绝对值在辽宁省城镇居民中最小（2014 年除外），在陕西省城镇居民和农村居民中都呈现出逐年增加的趋势，并且城镇居民和农村居民之间的差距也在逐年缩小，说明与辽宁省城镇居民相比，陕西省城乡居民的医保报销待遇更好，并逐年提高；Kakwani 指数在辽宁省城镇居民和陕西省城镇居民中为正值，但在陕西省农村居民中为负值，并且其绝对值逐年增加，说明区别于辽宁省城镇居民和陕西省城镇居民，陕西省农村居民的医保报销是累进的，并且累进程度逐年增加。

第6章
研究结论和政策建议

6.1　研究结论

　　本书在中国基本医疗保险制度已实现"全民覆盖"的背景下，对基本医疗保险制度的受益公平和收入再分配效应进行了系统研究，得到以下主要结论：

　　（1）中国基本医疗保险制度存在着受益不公平问题，健康状况更差的低收入群体不仅医疗服务利用的概率和程度更低，而且获得医保报销的概率和金额也更低，即存在与收入相关的健康不公平、医疗服务利用不公平和医保报销不公平现象，这种受益不公平现象在新农合中最为明显，城居保次之，城职保的公平性最好。具体来说，对于健康状况，在每项基本医疗保险制度内部，与最高收入等份组相比，收入越低，健康较差和身体不适的概率越高。制度间的比较发现，城职保的健康状况好于城居保和新农合。对于医疗支出，在每项基本医疗保险制度内部，最低收入等份组发生医疗支出的概率显著低于最高收入等份组，前四个收入等份组的医疗支出金额也显著低于最高收入等份组，并且个体所属的收入等份组越低，其医疗支出金额与最高收入等份组的差距越大。制度间的比较显示，与城职保相比，城居保和新农合参保者发生医疗支出的概率都显著更低，其医疗支出金额分别低 5.3% 和 12.9%；前四个收入等份组和最高收入等份组之间医疗支出金额的差距在城职保中最小，其次是城居保（第2等份组除外，其估计系数最大），在新农合中最大。对于医保报销，在每项基本医疗保险制度内部，前三个收入等份组发生医保报销的概率和医保报销金额都显著低于最高收入等份组，并且个体所属的收入等份组越高，其获得的医保报销金额也越多。制度间的比较表明，与城职保相比，城居保和新农合参保者发生医保报销的概率分别低20.5%和21.7%，其医保报销金额分别低13.9%和58.6%；最低收入等份组和最高收入等份组之间医保报销金额的差距在城职保中最小（36.3%），其次是城居保（96.6%），在新农合中最大（100.6%）。

（2）基于医保受益的视角，本书在国家层面以参保个体为研究对象，使用中国家庭金融调查2013年数据，聚焦于医疗支出和医保报销环节收入再分配的最终效应的研究发现，中国基本医疗保险制度的收入再分配效应为负，但是医保报销能部分缩小由于医疗支出扩大的收入差距，并且医保报销对收入分配的调节效果在三项基本医疗保险制度之间存在差异：城职保最大（50.57%），其次是城居保（31.70%），新农合最小（22.54%）。从最终效应的分解上看，中国基本医疗保险制度同时存在垂直不公平和水平不公平，并且垂直不公平占据主导地位。制度间的比较发现，医疗支出和自付支出的垂直不公平从城职保、城居保到新农合依次增加，三项基本医疗保险制度的水平不公平都以水平不公平效应为主，但是"同等收入个体得到不同等对待"的现象在新农合中更为明显。

（3）基于医疗保险制度运行过程的视角，本书在省级层面以家庭为研究对象，使用辽宁和陕西两个省份的收入分组数据，分城镇和农村两个样本，系统研究医保缴费、医疗支出和医保报销这三个环节收入再分配的中间效应和最终效应的结果表明，基本医疗保险制度收入再分配的最终效应在辽宁省城镇居民和陕西省城镇居民中较弱，几乎与零无差异，但在陕西省农村居民中显著为负，并且初始收入差距扩大的绝对程度呈现波动性增加的趋势。从中间效应上看，医保缴费环节的收入再分配效应均为负，并且该负效应在陕西省农村居民中最为明显；医疗支出环节的收入再分配效应在辽宁省城镇居民和陕西省城镇居民中为正，但在陕西省农村居民中为负，并且其绝对值总体呈现增加的趋势；医保报销环节的收入再分配效应在辽宁省城镇居民和陕西省城镇居民中为负，但在陕西省农村居民中为正，并且逐年增加。从中间效应的分解上看，陕西省农村居民的医保缴费负担最重，并且医保缴费的累退程度最大；医疗服务利用程度从陕西省农村居民、陕西省城镇居民到辽宁省城镇居民依次降低，医疗支出在城镇是累进的，但在农村是累退的，并且累退程度较高；与辽宁省城镇居民相比，陕西省城乡居民的医保报销待遇更好，并逐年提高，区别于辽宁省城镇居民和陕西省城镇居民，陕西省农村居民的医保报销是累进的，并且累进程度逐年增加。

6.2　政策建议

基于前文的研究结果，为完善中国基本医疗保险制度，提高基本医疗保险制度的受益公平并充分发挥基本医疗保险制度调节收入再分配的作用，本书提出以下四条政策建议：

（1）提升居民的健康水平。减轻参保人患病后的医疗费用负担是一种事后补救，事前的预防保健和健康维护才是实现健康公平的重要手段。因此，国家应进一步完善公共卫生服务政策，增加疾病预防控制的支出预算，将其用于经常性的健康教育和全生命周期的健康管理，提升居民的健康水平，从源头上降低疾病发生或恶化的可能性，从而减少疾病的经济负担。

（2）在医保缴费环节按照支付能力征收保费。对于城职保，应完善工资收入的统计核算，以单位或个人的实际工资水平作为缴费基数；适当提高或取消最高缴费基数的设置以增加高收入群体的医保缴费贡献；差别对待实际工资低于最低缴费基数的低收入群体，采用根据实际工资水平缴纳保费或降低缴费率的方式来减轻其缴费负担，而实缴保费和按照最低缴费基数计算的应缴保费之间的差额部分由政府提供保费补贴予以补齐；应拓宽医保基金收入的来源，逐步取消退休人员不缴费的政策，可采取"老人老办法，新人新办法"的方式将最低缴费年限规定逐渐调整为终生缴费机制，让退休人员承担个人缴费义务，同时政府为困难群体提供财政补贴。对于城居保和新农合以及部分整合后的城乡居民医保，应逐步取消固定缴费机制，建立与城职保类似的和个人收入水平相关联的动态保费调整机制。由于目前很难获得参保居民的个人收入数据，可根据社区/村的平均收入水平设置个人缴费和财政补贴标准，实现社区/村之间的差别缴费，进而提高医保缴费的公平性。对于医疗救助，应强化政府在医保缴费中的兜底责任，加大对低保、特困和重度残疾等民政救助对象的财政支持力度，通过个人缴费减免等措施确保困难群体全部参保。

（3）提高医疗服务的可及性。国家要根据医疗资源分布和居民健康需求，分区域和层次加快构建不同形式的医联体或医共体，通过人才、技术等优质医疗资源共享和优质医疗服务下沉，提升基层医疗服务能力；通过家庭医生签约服务，发挥基层医疗机构公共卫生和健康管理职能，做好慢性病等疾病预防和控制工作；通过设置差别化的报销比例引导患者基层首诊；通过总额付费等医保支付方式改革，引导医联体或医共体内部形成科学的分工协作机制和较为顺畅的转诊机制。采取上述强基层和分级诊疗的综合措施，确保患者特别是低收入群体等医疗弱势群体在基层医疗机构就能及时获得关于常见病、多发病和慢性病的有效治疗，降低就医成本，减轻疾病负担。

（4）在医保报销环节实行按需分配，提高医疗服务的可支付性。首先，应加快推进门诊统筹工作。根据"保基本"的原则，扩大门诊统筹的保障范围，除了多发病、慢性病和门诊大病外，也覆盖门诊小病，通过降低起付标准、提高支付比例和取消最高支付限额等方式，提高门诊统筹的保障水平，鼓励居民多使用门诊服务，减少不必要的住院服务，防止"小病大治"或者"小病拖成大病"，进而降低医疗成本。其次，应加大医保政策对医疗弱势群体的倾斜。从弱势群体患者中精准核查出医疗救助对象，对重特大疾病人群和特困人群等医疗弱势群体实施精准医疗帮扶，争取早日实现基本医疗保险、大病保险和医疗救助政策的无缝衔接，实行"一站式"结算服务，同时建立针对慢性病困难群体的常态化救助机制，开展公益家庭医生签约服务和慢病患者免费投药，将预防和治疗相结合，避免困难群体陷入"因病致贫、因病返贫"的困境。最后，还应加快推进城乡居民医保的实践整合、提高医保基金统筹层次。要加强医保信息系统建设，加快建立省级和全国范围内异地就医直接结算机制，简化报销手续，有条件的地区可全面推行"先看病、后付费"的模式。同时加大医疗资源向基层和落后地区的倾斜力度，早日实现整个基本医疗保险制度体系的整合，逐步缩小制度、城乡和地区之间医保待遇的差距，以充分发挥基本医保的互助共济属性，实现全民医保的实质公平。

参考文献

[1] A. 科林·卡梅伦，普拉温·K. 特里维迪. 用 Stata 学微观计量经济学 [M]. 第 1 版. 重庆：重庆出版社，2015.

[2] 蔡萌，岳希明. 中国社会保障支出的收入分配效应研究 [M]// 李实，岳希明，史泰丽，佐藤宏，等. 中国收入分配格局的最新变化：中国居民收入分配研究（V）. 北京：中国财政经济出版社，2018.

[3] 曹阳，蒋亚丽，高心韵. 卫生筹资收入再分配效应的实证研究 [J]. 中国卫生事业管理，2015 (11)：837 – 842.

[4] 曹阳，宋亚红. 居民医疗补偿影响因素及再分配效应研究 [J]. 南京中医药大学学报（社会科学版），2015 (1)：36 – 41.

[5] 柴培培，赵郁馨. 天津市卫生筹资的垂直公平和水平公平研究 [J]. 中国卫生经济，2012 (9)：38 – 40.

[6] 陈东，张郁杨. 与收入相关的健康不平等的动态变化与分解——以我国中老年群体为例 [J]. 金融研究，2015 (12)：1 – 16.

[7] 陈强. 高级计量经济学及 Stata 应用 [M]. 第 2 版. 北京：高等教育出版社，2014.

[8] 仇雨临，王昭茜. 城乡居民基本医疗保险制度整合发展评析 [J]. 中国医疗保险，2018 (2)：16 – 20.

[9] 初可佳. 社会医疗保险与养老保险发展对居民收入分配的影响研究 [J]. 现代财经（天津财经大学学报），2015 (12)：52 – 61.

[10] 邓大松，贺薇. 政府转移支付收入老年再分配效应的统计测算 [J]. 统计与决策，2018，34 (19)：125 – 129.

[11] 丁少群，苏瑞珍. 我国农村医疗保险体系减贫效应的实现路径及政策效果研究——基于收入再分配实现机制视角 [J]. 保险研究，2019 (10)：114 – 127.

[12] 杜本峰，王旋. 老年人健康不平等的演化、区域差异与影响因素分析 [J]. 人口研究，2013，37 (5)：81 – 90.

[13] 方木. 推进统一的城乡居民基本医疗保险制度全面建立 [J]. 中国医疗保险，2018 (2)：4 – 7.

[14] 方鹏骞. 中国全民医疗保险体系构建和制度安排研究 [M]. 第 1 版. 北京：人民出版社，2019.

[15] 方鹏骞，闵锐. 第一章 健康中国背景下中国医疗保障制度发展历程 [M]//方鹏骞. 中国医疗卫生事业发展报告 2016：中国医疗保险制度改革与发展专题. 北京：人民出版社，2017.

[16] 封进. 社会保险经济学 [M]. 第 1 版. 北京：北京大学出版社，2019.

[17] 封进，王贞，宋弘. 中国医疗保险体系中的自选择与医疗费用——基于灵活就业人员参保行为的研究 [J]. 金融研究，2018 (8)：85 – 101.

[18] 甘犁，尹志超，谭继军. 中国家庭金融调查报告 2014 [M]. 第 1 版. 成都：西南财经大学出版社，2015.

[19] 郭庆旺，陈志刚，温新新，等. 中国政府转移性支出的收入再分配效应 [J]. 世界经济，2016 (8)：50 – 68.

[20] 国家医疗保障局. 2018 年全国基本医疗保障事业发展统计公报 [EB/OL]. http：//www. nhsa. gov. cn/art/2019/6/30/art_7_1477. html，2019 – 06 – 30.

[21] 何文炯. 我国现行社会保障收入再分配的机理分析及效应提升 [J]. 社会科学辑刊，2018 (5)：55 – 62.

[22] 何文炯，朱文斌. 医疗保障制度的收入再分配效应 [M]//王延中. 中国社会保障发展报告 (2012) No. 5：社会保障与收入再分配. 北京：社会科学出版社，2012.

[23] 贺晓娟，陈在余，马爱霞. 新型农村合作医疗缓解因病致贫的效果分析 [J]. 安徽农业大学学报 (社会科学版)，2012，21 (5)：1 – 4.

[24] 黄枫，甘犁. 过度需求还是有效需求？——城镇老人健康与医疗保险

的实证分析 [J]. 经济研究, 2010, 45 (6): 105 - 119.

[25] 黄薇. 医保政策精准扶贫效果研究——基于 URBMI 试点评估入户调查数据 [J]. 经济研究, 2017, 52 (9): 117 - 132.

[26] 黄潇. 与收入相关的健康不平等扩大了吗 [J]. 统计研究, 2012 (6): 51 - 59.

[27] 解垩. 与收入相关的健康及医疗服务利用不平等研究 [J]. 经济研究, 2009 (2): 92 - 105.

[28] 解垩. 中国卫生筹资的再分配效应 [J]. 人口与发展, 2010 (4): 38 - 46.

[29] 金彩红. 中国医疗保障制度的收入再分配调节机制研究 [J]. 经济体制改革, 2005 (6): 120 - 124.

[30] 金双华, 于洁. 医疗保险制度对不同收入阶层的影响——基于辽宁省城镇居民的分析 [J]. 经济与管理研究, 2016 (2): 107 - 114.

[31] 金双华, 于洁. 医疗保险制度对收入分配的影响——基于陕西省的分析 [J]. 中国人口科学, 2017 (3): 116 - 125, 128.

[32] 李超凡. 山东省城乡居民基本医疗保险制度的公平性研究 [D]. 济南: 山东大学, 2018.

[33] 李实, 朱梦冰, 詹鹏. 中国社会保障制度的收入再分配效应 [J]. 社会保障评论, 2017 (4): 3 - 20.

[34] 李亚青. 城镇职工基本医疗保险的“逆向再分配”问题研究——基于广东两市大样本数据的分析 [J]. 广东财经大学学报, 2014 (5): 59 - 67, 77.

[35] 李永友. 公共卫生支出增长的收入再分配效应 [J]. 中国社会科学, 2017 (5): 63 - 82, 206 - 207.

[36] 李永友, 郑春荣. 我国公共医疗服务受益归宿及其收入分配效应——基于入户调查数据的微观分析 [J]. 经济研究, 2016, 51 (7): 132 - 146.

[37] 李珍, 黄万丁. 全民基本医保一体化的实现路径分析——基于筹资水平的视角 [J]. 经济社会体制比较, 2017 (6): 138 - 148.

[38] 林相森, 艾春荣. 对中国医疗服务利用不平等问题的实证检验 [J]. 中

国人口科学, 2009 (3): 86-95, 112.

[39] 刘柏惠, 寇恩惠. 政府各项转移收支对城镇居民收入再分配的影响 [J]. 财贸经济, 2014 (9): 36-50.

[40] 刘国恩, 蔡春光, 李林. 中国老人医疗保障与医疗服务需求的实证分析 [J]. 经济研究, 2011, 46 (3): 95-107, 118.

[41] 刘娜, 吴翼. 我国医疗保险制度改革的家庭收入分配效应研究——基于 CHNS 2000~2011 的分析 [J]. 湘潭大学学报 (哲学社会科学版), 2018 (1): 100-106.

[42] 刘小鲁. 社会医疗保险与我国医疗服务利用的公平性研究 [J]. 中国卫生经济, 2015 (4): 17-19.

[43] 陆铭, 梁文泉. 劳动和人力资源经济学: 经济体制与公共政策 [M]. 第2版. 上海: 格致出版社, 2017.

[44] 吕文洁. 我国城镇卫生筹资公平性研究——基于医疗保健支出累进度的测算 [J]. 财经研究, 2009, 35 (2): 123-135.

[45] 马超, 顾海, 韩建宇. 我国健康服务利用的机会不平等研究——基于 CHNS2009 数据的实证分析 [J]. 公共管理学报, 2014 (2): 91-100.

[46] 马超, 顾海, 宋泽. 补偿原则下的城乡医疗服务利用机会不平等 [J]. 经济学 (季刊), 2017 (4): 1261-1288.

[47] 马超, 曲兆鹏, 宋泽. 城乡医保统筹背景下流动人口医疗保健的机会不平等——事前补偿原则与事后补偿原则的悖论 [J]. 中国工业经济, 2018 (2): 100-117.

[48] 毛璐, 秦江梅, 芮东升, 等. 东中西部城市卫生服务利用公平性比较: 基于社区卫生综合改革典型城市居民健康询问调查 [J]. 中国卫生经济, 2013 (11): 54-56.

[49] 牛建林, 齐亚强. 中国医疗保险的地区差异及其对就医行为的影响 [J]. 社会学评论, 2016, 4 (6): 43-58.

[50] 彭晓博, 王天宇. 社会医疗保险缓解了未成年人健康不平等吗 [J]. 中国工业经济, 2017 (12): 59-77.

[51] 齐良书, 李子奈. 与收入相关的健康和医疗服务利用流动性 [J]. 经济研究, 2011, 46 (9): 83-95.

［52］齐亚强．自评一般健康的信度和效度分析［J］．社会，2014，34（6）：196 － 215．

［53］权衡．收入分配经济学［M］．第 1 版．上海：上海人民出版社，2017．

［54］谭晓婷，钟甫宁．新型农村合作医疗不同补偿模式的收入分配效应——基于江苏、安徽两省 30 县 1500 个农户的实证分析［J］．中国农村经济，2010（3）：87 － 96．

［55］万泉，翟铁民，赵郁馨．我国部分地区卫生筹资负担公平性研究［J］．中国卫生经济，2009，28（7）：14 － 16．

［56］王存同．进阶回归分析［M］．第 1 版．北京：高等教育出版社，2017．

［57］王虎峰．医疗保障［M］．第 1 版．北京：中国人民大学出版社，2011．

［58］王延中，龙玉其，单大胜，等．社会保障调节收入分配的机理与作用［M］//王延中．中国社会保障发展报告（2012）No. 5：社会保障与收入再分配．北京：社会科学文献出版社，2012．

［59］王延中，龙玉其，江翠萍，等．中国社会保障收入再分配效应研究——以社会保险为例［J］．经济研究，2016（2）：4 － 15，41．

［60］王翌秋．新型农村合作医疗制度的公平与受益：对 760 户农民家庭调查［J］．改革，2011（3）：73 － 81．

［61］王翌秋，徐登涛．新型农村合作医疗保险受益公平性研究——基于 CHARLS 数据的实证分析［J］．江苏农业科学，2019（3）：311 － 314．

［62］王贞，封进，宋弘．提升医保待遇对我国老年医疗服务利用的影响［J］．财贸经济，2019，40（6）：147 － 160．

［63］魏众，B·古斯塔夫森．中国居民医疗支出不公平性分析［J］．经济研究，2005（12）：26 － 34．

［64］吴成丕．中国医疗保险制度改革中的公平性研究——以威海为例［J］．经济研究，2003（6）：54 － 63，95．

［65］徐强，叶浣儿．新型农村合作医疗的收入再分配效应研究——基于全国 6 省入户调查数据的实证分析［J］．浙江社会科学，2016（6）：80 － 88，158．

［66］姚奕．基本医疗保障体系公平性评价：起点、过程与结果［N］．中国保险报，2016 － 11 － 15（007）．

[67] 姚奕，陈仪，陈聿良．我国基本医疗保险住院服务受益公平性研究
[J]．中国卫生政策研究，2017（3）：40 – 46.

[68] 于保荣，包慧宇，方黎明，等．第二章 医疗保险对宏观经济和社会发
展的作用［M］//中国医疗保险研究会．中国医疗保险发展宏观分析报
告．北京：中国劳动社会保障出版社，2016.

[69] 余央央，封进．家庭照料对老年人医疗服务利用的影响［J］．经济学
（季刊），2018（3）：923 – 948.

[70] 张丽芳，张艳春，刘涵，等．东中西部城市卫生筹资累进性比较：基
于社区卫生综合改革典型城市居民健康询问调查［J］．中国卫生经济，
2013，32（9）：69 – 71.

[71] 张幸，秦江梅，林春梅，等．不同社会医疗保险覆盖人群医疗服务利
用公平性分析［J］．中国卫生经济，2016（6）：22 – 24.

[72] 张艳春，张丽芳，秦江梅，等．东中西部城市卫生筹资再分配效应比
较：基于社区卫生综合改革典型城市居民健康询问调查［J］．中国卫生
经济，2013，32（11）：51 – 53.

[73] 张毓辉．中国卫生筹资公平性现状与挑战［J］．卫生经济研究，2013
（8）：3 – 8.

[74] 赵斌，孙斐，王慧泉．城镇基本医疗保险制度改革效果评估——基于
制度保障效果和公平性状况改变的评估［C］．北京：第二届中国卫生
政策研究论坛，2012.

[75] 赵建国，吕丹．公共经济学［M］．第1版．北京：清华大学出版社，
2014.

[76] 赵绍阳，臧文斌，尹庆双．医疗保障水平的福利效果［J］．经济研究，
2015，50（8）：130 – 145.

[77] 赵忠．健康卫生需求的理论和经验分析方法［J］．世界经济，2005
（4）：33 – 38.

[78] 周坚．基本医疗保险：劫富济贫还是劫贫济富［J］．金融经济学研究，
2019（2）：147 – 160.

[79] 周钦，田森，潘杰．均等下的不公——城镇居民基本医疗保险受益公
平性的理论与实证研究［J］．经济研究，2016（6）：172 – 185.

［80］ 周忠良，高建民，张军胜. 我国基本医疗保障制度受益公平性分析
［J］. 中国卫生经济，2013，32（7）：21 - 23.

［81］ 朱恒鹏. 城乡居民基本医疗保险制度整合状况初步评估［J］. 中国医疗
保险，2018（2）：8 - 12.

［82］ Aronson J R，Lambert P J. Decomposing the Gini Coefficient To Reveal the
Vertical Horizontal and Reranking Effects of Income Taxation［J］. National
Tax Journal，1994，47（2）：273 - 294.

［83］ Arrow K J. Uncertainty and the Welfare Economics of Medical Care［J］. The
American Economic Review，1963，53（5）：941 - 973.

［84］ Atkinson A B. Horizontal Equity and the Distribution of the Tax Burden
［M］//Aaron H J，Boskins M J. The Economics of Taxation. Washington
D. C.：Brookings，1980.

［85］ Bishop J A，Formby J P，Thistle P D. Convergence of the South and Non-
South Income Distributions 1969 - 1979［J］. The American Economic Re-
view，1992，82（1）：262 - 272.

［86］ Boadway R，Keen M. Chapter 12 Redistribution［M］//Atkinson A B，
Bourguignon F. Handbook of Income Distribution. North Holland NL：Elsevi-
er，2000.

［87］ Breyer F，Haufler A. Health Care Reform：Separating Insurance from In-
come Redistribution［J］. International Tax and Public Finance，2000，7
（4）：445 - 461.

［88］ Buchanan J M. An Economic Theory of Clubs［J］. Economica，1965，32
（125）：1 - 14.

［89］ Chen Y，Shi J，Zhuang C C. Income-dependent Impacts of Health Insurance
on Medical Expenditures：Theory and Evidence from China［J］. China Eco-
nomic Review，2019（53）：290 - 310.

［90］ Cheng L，Liu H，Zhang Y，et al. The Impact of Health Insurance on Health
Outcomes and Spending of the Elderly：Evidence from China's New Coopera-
tive Medical Scheme［J］. Health Economics，2015，24（6）：672 - 691.

［91］ Čok M，Urban I，Verbič M. Income Redistribution through Taxes and Social

Benefits: The Case of Slovenia and Croatia [J]. Panoeconomicus, 2013, 60 (5): 667 –686.

[92] Dardanoni V, Forcina A. Inference for Lorenz Curve Orderings [J]. The Econometrics Journal, 1999, 2 (1): 49 –75.

[93] Duan N, Manning W G, Morris C N, et al. A Comparison of Alternative Models for the Demand for Medical Care [J]. Journal of Business and Economic Statistics, 1983, 1 (2): 115 –126.

[94] Fleurbaey M, Schokkaert E. Unfair Inequalities in Health and Health Care [J]. Journal of Health Economics, 2009, 28 (1): 73 –90.

[95] Grossman M. On the Concept of Health Capital and the Demand for Health [J]. Journal of Political Economy, 1972, 80 (2): 223 –255.

[96] Heckman J J. Sample Selection Bias as a Specification Error [J]. Econometrica, 1979, 47 (1): 153 –161.

[97] Huang F, Gan L. The Impacts of China's Urban Employee Basic Medical Insurance on Healthcare Expenditures and Health Outcomes [J]. Health Economics, 2017, 26 (2): 149 –163.

[98] Hurley J. Chapter 2 An Overview of the Normative Economics of the Health Sector [M]//Culyer A J, Newhouse J P. Handbook of Health Economics. North Holland NL: Elsevier, 2000.

[99] Idler E L, Benyamini Y. Self-rated Health and Mortality: A Review of Twenty-seven Community Studies [J]. Journal of Health and Social Behavior, 1997, 38 (1): 21 –37.

[100] Jones A. Applied Econometrics for Health Economists: A Practical Guide [M]. Abingdon UK: Radcliffe Publishing, 2007.

[101] Kakwani N C. Measurement of Tax Progressivity: An International Comparison [J]. Economic Journal, 1977, 87 (345): 71 –80.

[102] Kakwani N C. On the Measurement of Tax Progressivity and Redistributive Effect of Taxes with Applications to Horizontal and Vertical Equity [J]. Advances in Econometrics, 1984 (3): 149 –168.

[103] Kakwani N C, Wagstaff A, van Doorslaer E. Socioeconomic Inequalities in

Health: Measurement Computation and Statistical Inference [J]. Journal of Econometrics, 1997, 77 (1): 87 – 103.

[104] Kim K, Lambert P J. Redistributive Effect of U. S. Taxes and Public Transfers 1994 – 2004 [J]. Public Finance Review, 2009, 37 (1): 3 – 26.

[105] Lei X, Lin W. The New Cooperative Medical Scheme in Rural China: Does More Coverage Mean More Service and Better Health? [J]. Health Economics, 2009, 18 (S2): S25 – S46.

[106] Lin W, Liu G G, Chen G. The Urban Resident Basic Medical Insurance: A Landmark Reform towards Universal Coverage in China [J]. Health Economics, 2009, 18 (S2): S83 – S96.

[107] Liu H, Zhao Z. Does Health Insurance Matter? Evidence from China's Urban Resident Basic Medical Insurance [J]. Journal of Comparative Economics, 2014, 42 (4): 1007 – 1020.

[108] Lu J F, Leung G M, Kwon S, et al. Horizontal Equity in Health Care Utilization Evidence from Three High-income Asian Economies [J]. Social Science and Medicine, 2007, 64 (1): 199 – 212.

[109] Musgrave R A, Thin T. Income Tax Progression 1929 – 48 [J]. Journal of Political Economy, 1948, 56 (6): 498 – 514.

[110] O'Donnell O, van Doorslaer E, Rannan-Eliya R P, et al. The Incidence of Public Spending on Healthcare: Comparative Evidence from Asia [J]. World Bank Economic Review, 2007, 21 (1): 93 – 123.

[111] O'Donnell O, van Doorslaer E, Rannan-Eliya R P, et al. Who Pays for Health Care in Asia? [J]. Journal of Health Economics, 2008, 27 (2): 460 – 475.

[112] O'Donnell O, van Doorslaer E, Wagstaff A, et al. Analyzing Health Equity Using Household Survey Data: A Guide to Techniques and Their Implementation [R]. Washington D. C: The World Bank, 2008.

[113] Plotnick R. A Measure of Horizontal Inequity [J]. Review of Economics and Statistics, 1981, 63 (2): 283 – 288.

[114] Sahn D E, Younger S D, Simler K R. Dominance Testing of Transfers in

Romania [J]. Review of Income and Wealth, 2000, 46 (3): 309 – 327.

[115] Sen A. Chapter 1 Social Justice and the Distribution of Income [M]//Atkinson A B, Bourguignon F. Handbook of Income Distribution. North Holland NL: Elsevier, 2000.

[116] Ta Y, Zhu Y, Fu H. V Trends in Access to Health Services Financial Protection and Satisfaction between 2010 and 2016: Has China Achieved the Goals of its Health System Reform? [J]. Social Science and Medicine, 2020 (245): 112715.

[117] Urban I. Kakwani Decomposition of Redistributive Effect: Origins Critics and Upgrades [R]. ECINEQ Society for the Study of Economic Inequality Working Papers, 2009.

[118] Urban I. Impact of Taxes and Benefits on Inequality among Groups of Income Units [J]. Review of Income and Wealth, 2016, 62 (1): 120 – 144.

[119] Urban I, Lambert P J. Redistribution Horizontal Inequity and Reranking: How to Measure Them Properly [J]. Public Finance Review, 2008, 36 (5): 563 – 587.

[120] van Doorslaer E, Koolman X. Explaining the Differences in Income-related Health Inequalities across European Countries [J]. Health Economics, 2004, 13 (7): 609 – 628.

[121] van Doorslaer E, Masseria C, Koolman X, et al. Inequalities in Access to Medical Care by Income in Developed Countries [J]. CMAJ, 2006, 174 (2): 177 – 183.

[122] van Doorslaer E, Wagstaff A. Equity in the Delivery of Health Care: Some International Comparisons [J]. Journal of Health Economics, 1992, 11 (4): 389 – 411.

[123] van Doorslaer E, Wagstaff A, Bleichrodt H, et al. Income-related Inequalities in Health: Some International Comparisons [J]. Journal of Health Economics, 1997, 16 (1): 93 – 112.

[124] van Doorslaer E, Wagstaff A, van der Burg H, et al. The Redistributive

Effect of Health Care Finance in Twelve OECD Countries [J]. Journal of Health Economics, 1999, 18 (3): 291 –313.

[125] van Doorslaer E, Wagstaff A, van der Burg H, et al. Equity in the Delivery of Health Care in Europe and the US [J]. Journal of Health Economics, 2000, 19 (5): 553 –583.

[126] Wagstaff A, Bilger M, Sajaia Z, et al. Health Equity and Financial Protection [R]. Washington D. C. : The World Bank, 2011.

[127] Wagstaff A, Lindelow M. Can Insurance Increase Financial Risk? The Curious Case of Health Insurance in China [J]. Journal of Health Economics, 2008, 27 (4): 990 –1005.

[128] Wagstaff A, Lindelow M, Jun G, et al. Extending Health Insurance to the Rural Population: An Impact Evaluation of China's New Cooperative Medical Scheme [J]. Journal of Health Economics, 2009, 28 (1): 1 –19.

[129] Wagstaff A, van Doorslaer E. Equity in the Finance of Health Care: Some International Comparisons [J]. Journal of Health Economics, 1992, 11 (4): 361 –387.

[130] Wagstaff A, van Doorslaer E. Progressivity Horizontal Equity and Reranking in Health Care Finance: A Decomposition Analysis for the Netherlands [J]. Journal of Health Economics, 1997, 16 (5): 499 –516.

[131] Wagstaff A, van Doorslaer E. Chapter 34 Equity in Health Care Finance and Delivery [M]//Culyer A J, Newhouse J P. Handbook of Health Economics. North Holland NL: Elsevier, 2000.

[132] Wagstaff A, van Doorslaer E, Paci P. Equity in the Finance and Delivery of Health Care: Some Tentative Cross-Country Comparisons [J]. Oxford Review of Economic Policy, 1989, 5 (1): 89 –112.

[133] Wagstaff A, van Doorslaer E, Paci P. On the Measurement of Horizontal Inequity in the Delivery of Health Care [J]. Journal of Health Economics, 1991, 10 (2): 169 –205.

[134] Wagstaff A, van Doorslaer E, van der Burg H, et al. Equity in the Finance of Health Care: Some Further International Comparisons [J]. Jour-

nal of Health Economics, 1999, 18 (3): 263 –290.

[135] Wang L, Wang A, Fitzgerald G, et al. Who Benefited from the New Rural Cooperative Medical System in China? A Case Study on Anhui [J]. BMC Health Services Research, 2016, 16 (1): 195.

[136] Williams A H. Equity in Health Care: The Role of Ideology [M]//van Doorslaer E, Wagstaff A, Rutten F. Equity in the Finance and Delivery of Health Care: An International Perspective. Oxford: Oxford University Press, 1993.

后 记

本书是在我博士论文的基础上修改完善而成的。在本书即将出版之际，我的内心无限感慨，借此机会，我要表达衷心的感谢！

首先，我要感谢我的博士生导师汪丁丁教授，汪老师知识渊博，心系教育，关爱学生，他创办的社会与行为跨学科研究中心为我们提供了丰富的学习资源，在这里我构建了模块化的知识体系，开阔了视野，学会了问题导向和批判性思考，这些都是我人生中的宝贵财富。同时，我要感谢我的师母李老师，李老师平易近人，在生活中给了我很大的帮助和支持，这些关爱和温暖将永远激励着我前进。

其次，我要感谢我的导师组成员金双华教授，我的所有小论文和博士大论文都是在金老师的悉心指导下完成的，从论文选题、结构设计、数据处理，再到论文撰写以及最后的定稿，金老师都倾注了大量的心血。当我迷茫时，金老师总能给我指明方向；在我退缩时，金老师从未否定我，反而是给予我极大的肯定和鼓励，这也是我博士学业得以完成的最大动力。能够成为金老师的学生让我觉得万分幸运，金老师不仅在学习上指导我，还在生活中给予我很多帮助和建议。金老师的教诲，我将永远铭记在心，金老师的治学态度和优秀品质，我将终生追求和效仿。

再次，我还要感谢东北财经大学应用金融与行为科学学院的所有老师们，新冠肺炎疫情期间的各种贴心服务让我倍感温暖；感谢李欢老师，我的师姐孙艳霞、郭琦、季晓旭、王静、朱菲菲，我的同学余海跃，我的师妹衣玲辉、王静雅等人在论文写作、修改和答辩准备过程中提供的帮助；感谢史永东教授、魏宝社教授、周波教授、康书隆教授、王振山教授、秦学志教授、柏培文教授等答辩委员会的所有老师们提出的宝贵修改建议，这使我的论文得到进一步的完善和提升；感谢我的学生侯乐寒同学出色的校对工作。

此外，我要特别感谢我的父母，他们积极乐观的态度一直影响着我，当我遇到困难时，他们总能给我前进的力量和勇气。我还要感谢我当时的男朋友也是现在的丈夫王鹏博士，他像一束光，点亮我的生活，他对我的关心、爱护、理解和包容，让我感到无比温暖。

最后，本书的出版得到了四川外国语大学学术专著后期资助项目、重庆市教委科技项目和重庆市社科规划博士项目的资助，经济科学出版社对本书的编辑和出版给予了大力支持，在此一并表示感谢！

于　洁

2022 年 1 月 27 日于重庆